불교
한자
입문

불교한자입문

佛教漢字入門

불교용어 풀이와 함께 배우는
불교한자 입문서

대한불교조계종 교육원

조계종
출판사

머리말

『불교한자입문』은 초발심(初發心) 수행자가 기초적인 불교 한자를 익히는 것을 목표로 합니다. 교재는 글자 수에 따라 한 글자에서 일곱 글자 단어까지 선정하였습니다. 모두 2장으로 구성되어 있으며, 1장에서 뜻을 설명하고, 2장에서 쓰기를 연습합니다. 획순에 따라 반복하여 쓰는 동안 자연스럽게 한자를 익히는 방식입니다.

 단어는 불법승(佛法僧) 삼보(三寶)가 하나의 축으로 부처님에서 비롯하여 문화적인 요소까지 이어지는 순서입니다. 사전적인 구성이 주는 지루함을 덜어내고자 한자로 축약한 부처님의 생애, 가르침인 기본교리 · 게송(偈頌) · 규범, 불보살의 명호, 대중 소임, 전각(殿閣) · 성보(聖寶) · 성물(聖物)로 연결하였습니다.

 출가한 행자님들과 초심 불자들이『불교한자입문』을 통해 기초적인 불교 한자를 익히는 데서 나아가 한 글자 한 단어를 익혀가는 과정에서 부처님의 지혜와 자비의 가르침을 이뤄나가기를 발원합니다.

불기 2562(2018)년 8월
책임편집자 경완(景完)

차례

⋮

01

글자 수로 보는
불교한자

한 글자

佛(불) ⑤buddha의 음역, 불타(佛陀)로도 쓰며 각자(覺者), 지자(智者), 각(覺)을 뜻한다. 곧 진리를 깨달은 사람이라는 뜻이다. 다만 불타라 하면 석가모니 부처님을 지칭하는 경우가 많다.

法(법) 부처님의 가르침, 불교 경전, 현상, 인식된 현상, 인식작용, 의식(意識) 내용, 관념, 진리, 규범, 성질, 속성, 의식(儀式), 방법. ⑤dharma, ⓟ dhamma.

僧(승) ⑤, ⓟsamgha를 음역한 승가(僧伽)의 준말, 중(衆) · 화합중(和合衆). 불교를 믿고 수행하는 사람들 집단이다. 그러나 통념상 승이라고 하면 계를 받고 불도를 닦는 출가 수행자를 지칭한다. 앞의 불 · 법과 승을 통칭해서 삼보(三寶)라고 한다.

戒(계) 몸의 행(行)과 언어의 그릇됨을 막고 악을 그치게 한다는 의미이다. 율(律)과 달리 자발적인 성격이 강하다. 五戒(오계), 十戒(십계) 등이 있다. ⑤śila, ⓟsila.

定(정) 마음을 한 곳에 집중하여 산란하지 않은 상태. 삼매(三昧), 또는 마음을 가라앉히고 고요히 생각함.

慧(혜) 모든 현상을 분명하게 판단하고 추리하는 마음 작용, 분별하지 않고 있는 그대로 대상을 주시하는 마음 작용, 반야(般若), 지혜(智慧). 계·정·혜를 통칭하여 삼학(三學)이라 한다.

經(경) 부처님이 제자와 중생교화를 위해 설법하신 가르침과 그 기록. 경을 모은 것을 경장(經藏)이라고 하며 ⓢsūtra, ⓟsutta를 음역하여 수다라(修多羅)라고도 한다.

律(율) 출가 수행자가 지켜야할 규범, 석가모니 부처님이 수범수제(隨犯隨制:잘못을 범하면 그에 따라 제정)하신 규율. 비구계(比丘戒)·비구니계(比丘尼戒) 등이 있다. 이를 모은 전적을 율장(律藏)이라고 하며 ⓢvinaya, ⓟvinaya를 음역하여 비나야(毘那耶)라고도 한다.

論(논) 부처님의 가르침이나 계율을 주석하고 정리 연구한 문헌. 논장(論藏)이라고 하며, 경·율·논을 통칭하여 삼장(三藏)이라고 한다.

苦(고) 마음이나 몸이 뜻대로 되지 않아 괴로워 불편하고 어지럽고 불안함. 미혹으로 일어나는 마음 작용. 고를 생(生), 노(老), 병

(病), 사(死) 네 가지로 나눠 사고(四苦)라 한다. 팔고(八苦) 참조. ⓢduḥkha, ⓟdukkha.

業(업) 몸과 입과 마음으로 짓는 행위(行爲), 그 행위의 잠재력, 받게 되는 과보(果報)를 일으키는 선악의 행위, 무명으로 일으키는 행위. 어떠한 결과를 일으키는 원인이나 조건, 과거에서 미래로 존속하는 힘. ⓢkarman, ⓟkamma를 음사하여 갈마(羯磨), 검모(劍暮)라 한다.

緣(연) 어떤 결과를 일으키는 간접, 외적 원인. 직접 원인인 인(因)을 돕는 부차적인 원인. 넓은 의미로는 인도 포함한다. 분별하고 망상하는 주관의 작용이다. ⓢpratyaya, ⓟpaccaya.

空(공) 항상 변하지 않는 실체나 고정된 경계나 틀이 없다는 것, 텅 빔. 개념이나 정의에서 자유롭게 되는 존재방식을 암시한다. 분별과 차별, 망상과 번뇌가 소멸된 상태. 허무와는 다르며, 허무로만 볼 때 공병(空病)이라 한다. ⓢśūnya ; śūnyatā.

色(색) 색이나 형체를 지닌 모든 물질 존재. 몸, 신체에서 시각 기관의 대상이 되는 빛깔, 형상, 형태, 모습. 오온(五蘊)의 하나로서 색온, 마음의 반대인 육체, 집착이나 색욕, 청정한 물질로 이루어진 색계(色界)를 뜻하기도 한다. ⓢ, ⓟrūpa.

受(수) 마음의 감수 작용. 근(根:감관)과 경(境:대상), 식(識:의식)이 화
합하여 생긴 촉(觸)을 받아들이는 것. 십이연기(十二緣起)의 일곱
번째. ⓢvedanā, Ⓟvedanā

想(상) 오온의 하나, 모양을 마음으로 파악하는 의식작용, 대상에 이
름을 부여하고 다양한 개념을 지어내는 것. 생각, 관념, 의식
작용, 마음작용. ⓢsaṁjñā, Ⓟsaññā.

行(행) 짓는다는 뜻으로 일체의 유위법, 무명(無明)으로 일으키는 의
도와 지향이 있는 의식작용으로, 오온의 수(受), 상(想) 외에 분
별하고 차별하는 의식 작용, 십이연기(十二緣起) 두 번째. 동작
또는 행위의 뜻으로 몸소 실천해 나아가는 행.

識(식) 외부 경계를 식별하고 판단하는 마음작용, 인식작용. 인식
주관이라는 뜻으로도 쓴다. 오온의 하나로 식에는 안(眼) · 이
(耳) · 비(鼻) · 설(舌) · 신(身) · 의(意)의 육식(六識)이 있다. 색 ·
수 · 상 · 행 · 식을 통칭하여 오온(五蘊)이라고 한다.

相(상) 모양, 모습, 상태, 특징, 특질, 생각, 관념, 흔적을 남기려는 생
각, 체상용(體相用)의 상.

覺(각) 깨달음, 깨달음의 지혜, 온갖 번뇌와 분별이 끊어진 마음

상태를 뜻한다. 또 각자(覺者)의 준말로 불(佛)과 같은 의미이다.

劫(겁) ⑤kalpa, ⑩kappa의 음역. 인도의 가장 긴 시간 단위로 일반 적인 시간 단위로는 헤아릴 수 없는 매우 긴 세월을 뜻한다.

偈(게) ⑤gāthā ⑩gāthā의 음역으로 가타(伽陀), 게송(偈頌)의 준말. 송 (頌)의 뜻으로 경전의 운문 형식의 글, 또는 선사(禪師)의 법문 이나 시 등 불교 문학의 운문.

魔(마) ⑤māra의 음역 마라(魔羅)의 준말. 혼란, 장애, 죽이는 자 등의 의미. 욕계(欲界) 제6천 타화자재천(他化自在天)을 주재하는 마 왕을 파순이라고 하는데 그 권속들인 마군, 마중을 가리킨다. 수행을 방해하고 중생을 괴롭히는 온갖 번뇌를 상징하는 뜻으 로 쓴다. 마군에서 마구니라는 말이 나왔다고 한다.

卍(만) 만자(卍字) · 만자(萬字)의 준말. 길상(吉祥) · 경복(慶福) · 행운 (幸運) 등으로 번역. 불교 외에 힌두교에서도 썼다. 돌아가는 방향에 따라 우만자(卐), 좌만자(卍)로 구분된다. 인도에는 좌 만자가 많으며 한국, 중국, 일본에서는 구별하지 않는다. 다만 우만자가 독일 나치의 표시와 흡사하여 현대에는 오해의 소지 가 있어 많이 사용하지 않는다.

殿(전) 부처나 보살을 모신 사찰의 건물.

塔(탑) ⓢstūpa ⓟthūpa를 음역한 탑파(塔婆)의 준말. 본래는 부처님
의 사리를 묻고 그 위에 돌이나 흙을 높이 쌓은 무덤. 후일 사
리가 없어도 부처님의 덕을 기리며 공양하는 의미로 세운 모
든 것을 총칭. 한국어로 음사하여 스투파로도 쓴다.

齋(재) 신구의(身口意) 삼업을 깨끗이 하여 악업을 짓지 않는다는 뜻
에서 정오를 지나지 않은 식사, 또는 오후불식(午後不食)을 의
미하게 되었다. 이후 부처님께 공양하는 성대한 불공, 죽은 사
람을 제도하는 의식, 스님들에게 음식 공양을 올리는 것을 재
라고 하게 되었다. 포살(布薩)의 뜻도 있다.

두 글자

佛教(불교) 부처님의 가르침.

佛陀(불타) ⑤buddha의 음역, 각(覺)을 뜻한다.

達磨(달마) ⑤dharma ⑫dhamma의 음역. 법(法), 규칙, 보리달마(菩提達磨)의 준말.

敎理(교리) 가르침의 이치와 도리, 한 종파에서 세우는 가르침.

輪廻(윤회) 중생이 삼계(三界) · 육도(六度)의 세계에서 바퀴가 돌듯이 끊임없이 생사(生死)를 반복하는 것.

緣起(연기) 연생(緣生), 인연법(因緣法)으로도 쓴다. '연(緣)하여 생기(生起:일어남)한다.'는 뜻. 모든 존재와 현상은 독립적인 것이 아니라 원인과 조건에 의해 이루어지며 서로 연결된 존재라는 의미다. 또는 사찰이나 불상이 조성된 유래 · 기원, 그것을 적은 기록을 뜻한다.

佛性(불성) 부처로서의 본성, 모든 중생에게 원래 갖추어진 부처의 성품으로 부처가 될 가능성, 부처라는 열매를 맺게 하는 씨앗의 의미로 쓰인다.

般若(반야) Ⓢprajñā Ⓟpaññā의 음역. 지혜(智慧), 혜(慧). 분별과 집착이 끊어진 마음 상태, 그런 힘.

菩提(보리) Ⓢbodhi Ⓟbodhi의 음역. 각(覺), 지(智), 도(道)라고 쓴다. 정각의 지혜, 보리를 깨우침으로 삶은 완성되고 윤회의 흐름이 끊어진다. 석가모니 부처님의 깨달음을 '아뇩다라삼먁삼보리(阿耨多羅三藐三菩提)'라고 하는데, 한자로 '무상정등정각(無上正等正覺)'이며 위없이 바르며 완전하고 원만한 최고 최상의 깨달음이라는 뜻이다. 한자음은 보제이나 보리로 읽는다.

慈悲(자비) 사랑하고 가엾게 여기는 마음. 자(慈)는 중생에게 즐거움을 주는 것이고, 비(悲)는 고통을 없애주는 것으로, 불보살이 중생을 가엾이 여겨 고통을 덜어주고 편안하게 해주려는 마음을 의미한다.

眞如(진여) 모든 현상의 실상, 참모습. 깨달음의 지혜, 부처의 성품, 우주 그 자체, 중생이 본디 갖추고 있는 청정한 성품. Ⓢtathatā.

煩惱(번뇌) 중생을 어지럽히고 괴롭게 하며 산란하게 하는 마음 작용. 탐진치(貪瞋癡) 삼독(三毒)에 만(慢), 의(疑), 악견(惡見)을 더하여 여섯 가지 근본 번뇌라고 한다.

無明(무명) 본래 밝은 마음을 가리고 있는 근본적인 번뇌. 사성제(四聖諦)에 대한 무지, 오온(五蘊), 십이처(十二處) 등이 무상임을 알지 못하는 것, 십이연기(十二緣起)의 첫 번째.

涅槃(열반) ⓢnirvāṇa ⓟnibbāna의 음역. 적멸(寂滅), 적정(寂靜), 원적(圓寂), 안온(安穩)으로 번역. 모든 번뇌의 속박에서 해탈하여 삼독심이 소멸되어 깨달음의 지혜를 완성한 경지. 석가모니 부처님이나 스님의 죽음.

解脫(해탈) 번뇌의 속박에서 벗어나 자유자재한 경지, 궁극의 경지인 열반의 상태. 또는 선정의 다른 이름.

神通(신통) 수행의 힘으로 갖추게 되는 신비한 능력. 아라한이 갖춘 육신통(六神通)은 숙명통(宿命通), 천안통(天眼通), 누진통(漏盡通), 천이통(天耳通), 타심통(他心通), 신족통(神足通)이다.

三藏(삼장) 세 종류의 불전, 경장(經藏), 율장(律藏), 논장(論藏)을 일컫는 말로 불전 전체를 지칭한다. 삼장법사란 경율론(經律論) 삼장에 통달한 스님이다.

結集(결집) 한자 의미를 풀어보면 한곳에 모아 뭉친다는 뜻으로 불교에서는 부처님 열반 후에 제자들이 모여 그 가르침을 모아서 정리한 것을 일컫는다. 인도불교사에 총 네 차례의 결집이 있었다.

大乘(대승) 한자 뜻은 큰 수레, 탈 것. 불교에서는 중생을 깨달음에 이르게 하는 큰 가르침이란 뜻으로 쓴다. 자신과 타인을 깨달음으로 인도하는 가르침, 그런 수행자 혹은 자신 보다 타인을 먼저 구제하는 보살도의 가르침을 뜻한다. 상대어로 소승(小乘)이 있다.

小乘(소승) 자신의 깨달음만을 구하는 수행자나 그런 가르침. 대승불교 학파들이 기존의 부파불교(部派佛敎) 학파를 낮추어 부른 명칭이다.

三學(삼학) 깨닫고자 하는 이가 반드시 배워야할 세 가지인 계·정·혜(戒·定·慧).

三毒(삼독) 탐욕(貪欲), 진에(瞋恚), 우치(愚癡). 줄여서 탐진치(貪瞋癡)라 한다. 모든 번뇌를 포괄하는 근본으로 중생을 해친다는 의미에서 독으로 비유한다.

五蘊(오온) 온(蘊)은 모아 쌓인 무더기, 모임, 집합. 화합하여 변화하는 다섯 가지의 쌓임으로 색온(色蘊), 수온(受蘊), 상온(想蘊), 행온(行蘊), 식온(識蘊). 줄여서 색수상행식(色受想行識) (한 글자 참조)이라고 한다.

六根(육근) 근(根)은 기관, 기능으로 대상을 느끼고 의식하는 여섯 가지 기관. 안근(眼根:눈), 이근(耳根:귀), 비근(鼻根:코), 설근(舌根:혀), 신근(身根:촉각 기관으로서 몸), 의근(意根:의식 기능)이다.

六境(육경) 경(境)은 대상으로, 육경(六境)은 육근(六根)의 대상인 색성향미촉법(色聲香味觸法)을 말한다. 육근과 육경을 더해 십이처(十二處)라고 한다.

六識(육식) 육근(六根)으로 육경(六境)을 식별하는 여섯 가지 마음 작용. 안식(眼識), 이식(耳識), 비식(鼻識), 설식(舌識), 신식(身識), 의식(意識). 십이처(十二處)에 이 육식을 더해 십팔계(十八界)라고 한다.

六道(육도) 중생이 윤회하는 여섯 곳의 세계, 지옥도(地獄道), 아귀도
(餓鬼道), 축생도(畜生道), 아수라도(阿修羅道), 인간도(人
間道), 천상도(天上道).

地獄(지옥) 육도의 하나이며, 삼악도(三惡道) 가운데 하나로 자신이
지은 악업으로 인해 머물게 되는 세계, 온갖 고통으로 가
득한 세계. ⑤naraka ; niraya를 음역하여 나락가(奈落迦),
니라야(泥囉夜)라고도 한다. 팔열지옥(八熱地獄), 팔한지
옥(八寒地獄)이 있으며 팔열지옥 아래에는 각각 16개의
소지옥이 있다.

餓鬼(아귀) 삼악도의 하나인 아귀도에 태어난 중생. 탐욕과 질투가
심하면 아귀로 태어나 배고프고 목마른 형벌을 받는다고
한다.

畜生(축생) 남이 길러주는 생명이라는 뜻으로 새, 짐승, 벌레, 물고
기 등 모든 동물. 악업을 짓고 어리석은 과보로 태어난다
고 한다. 삼악도의 하나.

修羅(수라) ⑤asura를 음역한 阿修羅(아수라)의 준말, 비천(非天), 인
간과 축생의 사이에서 늘 싸움만을 일삼는다고 한다.

三界(삼계)   불교의 세계관, 중생이 윤회하는 세 가지 세계. 즉 욕계
(欲界), 색계(色界), 무색계(無色界).

欲界(욕계)   욕망이 지배하는 세계. 남녀의 성별이 있고 식욕, 수면
욕, 음욕이 있어서 욕계라고 한다. 지옥, 아귀, 축생, 수
라, 인간, 육욕천(六欲天)을 총칭하는 말이다. 육욕천은
사왕천(四王天)·도리천(忉利天)·야마천(夜摩天)·도솔
천(兜率天)·낙변화천(樂變化天)·타화자재천(他化自在
天) 이다.

色界(색계)   욕망을 벗어났으나 육체는 남아 있는 세계. 남녀 구별이
없고 음식이 필요 없으며 분노도 없고 광명이 음식과 언
어를 대신한다. 4선 18천(또는 17천)으로 나눈다.

淨土(정토)   불보살이 사는 청정한 국토로 중생이 사는 세계인 예토
(穢土)와 대응된다. 대표적으로 아미타불이 계시는 서방
정토가 있다. 또는 분별심이 사라진 청정한 의식 상태를
의미한다.

授記(수기)   부처님이 불제자에게 미래에 성불할 것이라고 기약하는
일. 십이부경(十二部經)의 하나로 부처님이 제자에게 다
음 생에 성불하리라는 것을 세세히 밝혀놓은 불전.

法堂(법당) 불상을 모신 사찰의 중심 건물로, 설법하거나 각종 의식을 행하는 장소.

佛像(불상) 부처님의 모습을 그리거나 조상(彫像)한 것. 부처님은 '자등명법등명(自燈明法燈明)'을 가르쳤으나, 불제자들은 형상을 조성하여 살아계실 적 예배하는 것과 같이 공경하고, 복을 빌기도 하였다. 이에서 발전하였다고 하며 이외에 불상의 유래에는 여러 가지 설이 있다.

手印(수인) 불보살의 깨달음이나 서원을 상징하는 여러 가지 손 모양. 혹은 수행자가 손가락으로 맺는 손 모양. 불보살이 상징하는 바에 따라 다르다.

佛供(불공) 불보살께 올리는 공양으로 음식·옷·향·등·꽃·과일 등을 공급하는 일.

念佛(염불) 불보살의 상호(相好)나 공덕을 생각하는 일, 또는 소리 내어 그 명호를 부르는 것.

三昧(삼매) ⓢ, ⓟsamādhi의 음역, 정(定)의 의미. 하나에 집중하여 산란하지 않고 한결같이 평온한 마음을 유지하는 것으로 지혜와 깨달음을 얻기 위해서 매우 중요한 경지이다.

念珠(염주) 　실에 보리수 열매나 수정 · 구슬 등을 꿰어서 이은 것. 불
　　　　　　보살께 절하거나 염불하며 한 알씩 넘기며 숫자를 세거
　　　　　　나, 마음을 가라앉힐 때 한 알씩 굴리기도 한다. 구슬의
　　　　　　숫자는 14 · 27 · 54 · 108 · 1000 · 10000 등이 있다.

眞言(진언) 　주(呪), 신주(神呪), 다라니(陀羅尼)와 같은 말. 불보살의
　　　　　　서원이나 덕, 또는 가르침, 지혜를 나타내는 비밀스러운
　　　　　　말. 현장(玄奘) 한역(漢譯)의 원칙 중 하나가 진언은 번역
　　　　　　하지 않고 음사하는 것으로 대부분의 진언이 한자의 뜻
　　　　　　과 상관없는 음역이다.

禮拜(예배) 　본래 불교용어로 쓰일 때 불보살에게 공경하는 마음으로
　　　　　　머리를 숙이고 합장하며 절하는 행동. 간략히 예(禮), 배
　　　　　　(拜)라고 하며 일배, 삼배, 구배 등 숫자로 구분하거나, 합
　　　　　　장 외에 장궤(長跪:길게 무릎을 꿇고 앉음), 오체투지(五
　　　　　　體投地) 등을 예배의 형식으로 한다.

禮佛(예불) 　경건한 마음으로 거룩한 부처님께 예를 올림. 절에서 아
　　　　　　침저녁으로 행하는 의식

南無(나무) 　ⓢnamas ; namo의 음역. 나모(南謨), 납막(納莫), 낭모(囊
　　　　　　謨)라고도 쓴다. 귀명(歸命), 귀경(歸敬), 귀의(歸依), 경례

(敬禮), 구아(救我), 도아(度我)의 의미. 중생이 부처님께
진심으로 목숨을 바쳐 귀의한다는 말이다. 한자음은 남
무이나 나무로 읽는다.

木鐸(목탁) 예불, 송경 등 제반 불교의식에서 사용하는 법구(法具).
밤에도 자지 않는 물고기 모양에서 유래하여 늘 깨어서
정진하라는 의미를 담고 있다. 법구에는 목탁 외에 범종
(梵鐘), 법고(法鼓), 운판(雲板), 요령(搖鈴) 등이 있다.

茶毗(다비) ⓢjhāpita ⓟjhāpeta의 음역으로 다비(茶毗), 도비(闍毗)로
도 쓴다. 화장(火葬)하는 장례법, 스님들의 장례.

入齋(입재) 재(齋)와 기도의 시작이나 그 의식.

廻向(회향) 자신이 닦고 쌓은 공덕을 일체 중생에게 돌려서 깨달음
으로 향하게 함, 또는 재, 기도의 마침이나 그 의식.

保體(보체) 몸을 보호한다는 뜻, 불공할 때 이름 뒤에 붙여 축원한다.

施食(시식) 죽은 사람의 명복을 빌거나 외로운 영혼을 위해 음식을 올
리고 기원 독경하는 의식, 불사나 법회 때 음식을 공양함.

比丘(비구) ⓢbhikṣu ⓟbhikkhu의 음역. 출가하여 구족계(具足戒)를 받은 남자 스님. 필추(苾芻), 비호(比呼), 픽추(煏芻), 걸사(乞士), 제근(除饉)이라고도 한다. 구족계를 받은 여자 스님은 비구니(比丘尼), 비구니는 ⓢbhikṣuṇī ⓟbhikkhunī의 음역이다.

沙彌(사미) ⓢśrāmaṇera ⓟsāmaṇera의 음역. 근책남(勤策男), 구적(求寂), 식악(息惡). 출가하여 십계를 받고 비구가 되기 전의 스님. 구오사미(驅烏沙彌)는 7세에서 13세의 사미로 까마귀 쫓는 일을 맡는다는 뜻. 응법사미(應法沙彌)는 14세에서 19세의 사미로 생활을 제대로 할 수 있다는 뜻. 명자사미(名字沙彌)는 20세가 넘었으나 비구가 되지 못한 사미. 십계를 받고 구족계를 받지 않은 여자 스님을 사미니(沙彌尼), 근책녀(勤策女)라 하고 사미니계를 받고 구족계를 받기 전 육법을 수행하는 여자 스님을 식차마나(式叉摩那)라고 한다.

沙門(사문) ⓢśramaṇa ⓟsamaṇa의 음역. 식심(息心), 공로(功勞), 근식(勤息)이라 번역. 인도에서 모든 종파를 아우르는 출가 수행자의 통칭이었으나 이후 불교 출가자를 일컫게 되었다.

羅漢(나한)   아라한(阿羅漢) 참조.

祖師(조사)   한 종파를 시작하거나 종파의 선덕으로 시조처럼 존경받는 스님.

宗師(종사)   부처님의 정법을 전하며, 수행자의 모범이 되어 존경을 받고 지도할 수 있는 학덕을 갖춘 고승. 선종(禪宗)에서는 각 종파의 조사를 대신하는 말로 쓰인다.

和尙(화상)   고승의 존칭, 화상(和上)이라고도 한다. 수계 때의 스승, 구족계를 주는 스승, 제자를 둘 수 있는 자격이 있는 스님. 본래는 아사리(阿闍梨)와 함께 수계사(授戒師) 스님을 뜻하였으나 후일 덕 높은 스님을 지칭. 선종에서는 법랍(法臘) 10년 이상에 덕과 지식과 계를 갖춘 스님을 가리킴.

長老(장로)   수행기간 즉 법랍이 많거나 덕이 높은 수행자에 대한 존칭, 선종 사찰에서는 주지스님에 대한 호칭으로도 쓰였다.

禪師(선사)   선가에서 스님에게 붙이는 경칭, 선정을 수행한 스님, 선종의 스님을 가리키는 말. 고려, 조선조에는 승과(僧科)에 합격하여 승진한 승려의 지위.

律師(율사) 계율을 잘 지키는 청정한 스님.

講師(강사) 경론(經論)을 가르치는 스님, 스승. 참고로 강백(講伯)은 강사에 대한 존칭.

居士(거사) ⓢgṛhapati의 음역. 가주(家住), 처사(處士)라고도 하며 남자 재가 불자.

菩薩(보살) ⓢbodhisattva ⓟbodhisatta를 음역한 보리살타(菩提薩埵)의 준말, 각유정(覺有情). 대승불교에서 사홍서원을 내어 육바라밀(六波羅蜜)을 수행하며, 깨달음을 추구하는 동시에 중생을 제도하는 수행자, 또는 깨달음을 얻기 전 과거세의 석가모니. 현재는 여자 재가 불자에 대한 일반적인 호칭으로도 쓰인다.

出家(출가) 세속의 번잡한 일상과 번뇌를 떠나 불가에 입문하여 수행에 전념하는 것.

行者(행자) 불도를 수행하는 사람. 원시불교에서는 비구를 지칭하며, 선원에서 시중드는 사람을 가리키기도 한다. 우리나라에서는 수계하지 않은 수행자, 갓 출가하여 절에서 수행하는 예비스님을 일컫는다.

恩師(은사) 불교에서는 출가하여 삭발하게 해준 스승.

上佐(상좌) 윗사람을 돕는다는 뜻이니, 곧 한 스승의 제자.

上座(상좌) 출가 한지 오래되어 맨 윗자리에 앉는 비구, 수행이 오래
된 덕 높은 수행자.

法名(법명) 불교에 입문하여 받게 되는 이름. 출가하여 받게 되는 이름
또는 스님이 재가 신도에게 지어주는 불교식 이름.

法臘(법랍) 스님이 된 해부터 세는 나이. 좌랍(坐臘), 계랍(戒臘), 하랍
(夏臘), 법세(法歲)라고도 한다.

師兄(사형) 법계(法系)상 형뻘 되는 사람, 한 은사의 제자로 자기보다
먼저 출가한 이의 칭호.

師弟(사제) 한 은사의 제자로 자기보다 나중에 출가한 이를 이르는 말.

善友(선우) 선지식(善知識), 선친우(善親友), 친우(親友), 승우(勝友)라
고도 함. 부처님의 정도(正道)를 가르쳐 보여 좋은 이익을
얻게 하는 스승이나 친구. 나와 마음을 같이 하여 선행을
하는 사람.

受戒(수계) 계를 받음, 구족(具足), 수구(受具), 수구족(受具足), 근원(近圓)과 같다. 출가자로서의 자격을 취득하는 것. 오계, 십계, 비구·비구니계, 팔관재계(八關齋戒) 등을 받는 것.

十戒(십계) 사미·사미니를 규제하는 열 가지 계. 세속인, 스님, 보살이 준수해야 할 열 가지 자발적인 윤리 덕목. 사미(사미니)십계:1. 살생하지 말라는 불살생계(不殺生戒). 2. 훔치지 말라는 불투도계(不盜戒). 3. 음욕을 품지 말고 음행하지 말라는 불음계(不婬戒). 4. 거짓말하지 말라는 불망어계(不妄語戒). 5. 술을 마시지 말라는 불음주계(不飲酒戒). 6. 향수나 꽃다발로 바르거나 치장하지 말라는 불착향화만불향도신계(不着香華鬘不香塗身戒). 7. 노래와 춤을 듣지도 말고 보지도 말라는 불가무창기불왕관청계(不歌舞倡伎不往觀聽戒). 8. 높고 큰 평상을 사용하지 말라는 부좌고광대상계(不坐高廣大牀戒). 9. 때 아닌 때에 먹지 말라는 불비시식계(不非時食戒). 10. 금은 보물을 소유하지 말라는 불착지생상금은보물계(不捉持生像金銀寶物戒).

威儀(위의) 규율에 맞는 몸가짐, 행(行), 주(住), 좌(坐), 와(臥)가 모두 계율에 어긋남이 없어서 위엄이 있는 것. 훌륭한 행위와 몸가짐.

習儀(습의) 위의, 의식을 미리 익히는 일.

袈裟(가사) ⑤kaṣāya ℗kasāya의 음역, 스님들이 입는 법의(法衣), 가사예(迦沙曳), 납의(衲衣), 분소의(糞掃衣)라고 한다. 청·황·적·백·흑의 정색(正色) 아닌 잡색으로 물들인 옷. 시주에게 얻은 낡은 옷을 조각조각 베어 다시 꿰매 만든다. 안타회(安陀會), 울다라승(鬱多羅僧), 승가리(僧伽梨)를 삼의(三衣)라고 한다. 안타회는 5조(條)(1長1短)로 만든 것, 울다라승은 7조(2장1단)로 만든 것, 승가리는 9조·11조·13조(이상 2장1단)·15조·17조·19조(이상 3장1단)·21조·23조·25조(이상 4장1단)로 만든 것을 일컫는다.

長衫(장삼) 한국, 중국, 일본에서 가사 속에 입는 법의. 소매가 넓고 허리에 충분한 여분을 두고 큼직한 주름을 잡은 승복이다.

叉手(차수) 총림에서 하는 예법의 하나. 우리나라는 '왼 손 등을 오른 손 바닥으로 덮어 마주 쥔다.'는 방법이 통용된다.

合掌(합장) 인도의 예법이자 불교식 인사, 두 손을 마주 대 가슴 앞에 세우고 고개를 숙이는 예법. 부처님과 스님께, 혹은 불자 간에 경의를 표시하는 예법.

道場(도량) 불교를 설법하거나 불도를 수행하는 곳, 부처님께 공양을 올리는 장소, 불교 의식을 행하는 청정한 장소를 통칭한다. 원 한자음은 도장이나 도량으로 읽으며, 한자음 그대로 도장이라 읽기도 한다. 원래는 보리도량(菩提道場)의 준말로 석가모니 부처님이 성도하신 보리수 아래의 금강보좌를 뜻했다.

講院(강원) 불경의 가르침을 배우는 곳, 경론(經論)을 간경(看經)하고 학습하는 곳, 강당(講堂) 이라고도 하며, 전통식 불교학교다. 이곳에서 수업하는 스님을 학인(學人)이라 한다.

叢林(총림) 여러 승려들이 화합하여 함께 배우며 안거하는 곳, 많은 승려와 재가 불자들이 모인 것을 나무가 우거진 수풀에 비유한 것. 강원(講院), 율원(律院), 선원(禪院), 염불원(念佛院) 등을 모두 갖춘 종합적인 수행처, 또는 선종의 선원(禪苑), 선림(禪林), 승당(僧堂), 전문도량(專門道場) 등 많은 승려들이 모여 수행하는 곳의 총칭.

禪院(선원) 선종의 사원, 선을 닦아 선승을 배출하는 전문 사원.

參禪(참선) 선을 참구함, 스스로 좌선하는 것, 혹은 존경하는 선지식을 찾아가 선을 참학(參學)하는 것.

修行(수행) 깨닫기 위해 부처님의 가르침을 실천하고 행함. 불도(佛道)에 힘쓰는 것. 행실, 학문, 기예(技藝)를 닦음.

安居(안거) 우기에 외출을 금지하고 한곳에 정착하여 좌선과 학습에 매진하던 것을 가리킨다. 대개 여름철 석 달이며, 지역에 따라 시기는 달라진다. 우리나라는 여름과 겨울에 각각 석 달씩 하안거와 동안거를 행하고 있다.

結制(결제) 안거를 시작하는 것. 우리나라의 하안거 결제일은 음력 4월 15일, 동안거 결제일은 음력 10월 15일이다.

解制(해제) 안거를 마치는 것. 우리나라의 하안거 해제일은 음력 7월 15일, 동안거 해제일은 음력 1월 15일이다.

話頭(화두) 선종의 조사들이 참선 수행의 완성을 도모하기 위해서 정립해 놓은 핵심적인 법문. 고칙(古則), 공안(公案)과 같은 말이다.

印可(인가) 스승이 제자가 얻은 깨달음의 경지, 설법 등을 증명하고 인정함.

鉢盂(발우) ⑤pātra를 음역한 발(鉢)과 그릇을 뜻하는 우(盂)의 복합

어. 응기(應器), 응량기(應量器)라는 뜻이다. 비구가 사용하는 밥그릇으로 발우를 들고 돌아다니며 밥을 비는 것을 탁발(托鉢)이라 하며, 비구가 먹는 분량은 이 한 그릇에 한한다. 발에는 철발(鐵鉢), 와발(瓦鉢)이 있다. 우리나라에는 목발(木鉢)이 있다.

懺悔(참회) 참(懺)은 ⑤deśanīya ; kṣama 참마(懺摩)라는 음역의 준말. 회(悔)는 그 뜻을 번역한 것으로 산스크리트와 한문을 아울러 쓴 말이다. 스스로 죄과를 불보살께 고백하고 뉘우치는 일. 참회는 그 방법과 성질에 따라 포살(布薩), 자자(自恣) 등이 있다.

布薩(포살) 안거가 끝나는 때, 스님들이 한데 모여서 안거 동안의 생활을 반성하고 각자 자신의 죄과를 고백한 뒤 참회하는 것. 출가자는 보름마다 15일과 29일(또는 30일)에 모여 『계경(戒經)』을 설하며 보름 동안 지은 죄가 있으면 참회하여 선을 기르고 악을 없애는 의식. 재가자는 육재일(六齋日)에 8계를 지니며, 선을 기르고 악을 없애는 의식.

結界(결계) 제한된 경계라는 뜻. 계율의 호지(護持)를 위해서 일정한 구획을 정하여 대중의 활동을 제한하는 것. 구획의 안은 계내(界內), 구획의 밖은 계외(界外)라고 함. 섭승계(攝僧

界), 섭의계(攝衣界), 섭식계(攝食界) 등으로 불도를 수행
하는데 장애를 없애기 위해서 비구의 의·식·주를 제한
하는 것이다. 일정한 장소에 거처하는 것, 남은 음식을 간
직하여 두지 않는 것, 옷을 벗지 않는 것 등을 의미한다.

宗祖(종조) 한 종파를 세운 조사(祖師).

宗旨(종지) 한 경전에서 말하여 나타내는 뜻, 또는 하나의 종파가 내
세우는 취지.

宗正(종정) 각 종단에서 정신적인 지도자로 받들어 모시는 스님.

方丈(방장) 총림(叢林)의 최고 어른을 일컫는 말.

住持(주지) 사찰의 주권자(主權者). 절에 거주하며 재산과 구성원,
선우(善友)를 보호 유지하는 일을 하는 소임(所任). 부처
님의 가르침에 잘 머무르고(住) 간직하여(持) 흩어지거나
잃어버리지 않게 한다는 뜻이 있다.

都監(도감) 사찰에서 모든 절일을 감독하는 직명(소임). 한 절의 총
감독 격이다.

院主(원주) 우리나라에서 사찰의 살림살이를 맡은 소임.

別座(별좌) 전좌(典座)라고도 함. 부처님과 스님들께 공양할 반찬과
음식을 만드는 소임. 또는 의복·방석·이부자리 등을
담당하는 직책.

副殿(부전) 지전(知殿)을 이름. 불당을 맡아 시봉하는 소임.

侍者(시자) 장로(長老) 등 어른 스님을 곁에서 친히 모시면서 그 시
중을 드는 소임. 아난이 부처님의 시자로 있었던 것이 그
시초.

知客(지객) 전객(典客), 지빈(知賓)이라고도 하며, 사찰에서 손님의
접대와 응답을 맡는 소임.

菜供(채공) 채두(菜頭)와 같으며 반찬 등 부식물에 쓰이는 채소를 맡
은 소임.

세 글자

三歸依(삼귀의) 불법승(佛法僧) 삼보(三寶)에 돌아가 의지함. 귀의불
(歸依佛), 귀의법(歸依法), 귀의승(歸依僧).

三法印(삼법인) 불교의 진리를 세 가지로 제시한 것. 첫째 제행무상
(諸行無常), 둘째 제법무아(諸法無我), 셋째 열반적정
(涅槃寂靜). 인(印)은 징표, 특징, 진리, 진실의 뜻.

四聖諦(사성제) 네 가지의 성스러운 진리. 사제(四諦). 고집멸도(苦集
滅道). 즉 미혹의 세계는 고(苦)라는 진리와 고의 원
인인 집(集), 고의 소멸인 멸(滅), 고의 소멸로 나아가
는 수행법인 도(道)이다.

八正道(팔정도) 고의 소멸에 이르는 여덟 가지 바른 수행법. 첫째 정
견(正見:바른 견해), 둘째 정사유(正思惟:바른 생각),
셋째 정어(正語:바른 말), 넷째 정업(正業:바른 행위),
다섯째 정명(正命:바른 생활), 여섯째 정정진(正精進:
바른 노력), 일곱째 정념(正念:바른 마음 챙김), 여덟
째 정정(正定:바른 집중).

聞思修(문사수) 가르침을 듣고(聞) 얻은 지혜, 이치를 생각하여(思) 얻은 지혜, 수행으로(修)얻은 지혜로 삼혜(三慧), 문사수혜(聞思修慧)라고도 한다.

波羅蜜(바라밀) ⑤pāramitā의 음역 바라밀다(波羅蜜多)의 준말. 한자음은 파라밀이나 바라밀로 읽는다. 깨달음의 언덕인 피안에 도달하다는 뜻으로 깨닫기 위한 수행법의 총칭. 2바라밀, 6바라밀 외에 7·10·32바라밀 등이 있다. 그 중 가장 널리 알려진 육바라밀(六波羅蜜)이 바로 보시(布施), 지계(持戒), 인욕(忍辱), 정진(精進), 선정(禪定), 지혜(智慧)다. 바라밀(婆羅密)이라고도 쓴다.

體相用(체상용) 본체와 현상과 작용, 『기신론(起信論)』에서 설한 3대(三大). 체(體)란 평등한 모든 법 그 자체, 상(相)은 그 위에 현현된 특질과 능력, 용(用)은 선을 닦고 청정한 과보를 받게 하는 작용을 말함.

十二處(십이처) 십이입(十二入), 육근(六根)과 육경(六境). 대상을 인식하는 기관과 그 대상. (육근, 육경 참조)

十八界(십팔계) 십이처에 육식(六識)을 더한 것. 육근(六根)과 육경(六境)과 육식(六識)을 지칭. (육근, 육경, 육식 참조)

三身佛(삼신불) 법신불(法身佛), 보신불(報身佛), 화신불(化身佛) · 응신불(應身佛). 일반적으로 법신불은 비로자나불, 보신불은 아미타불, 화신불은 석가모니불을 지칭한다.

四王天(사왕천) 욕계 육천 중 수미산 중턱 동서남북 사방에 있으면서 정상에 있는 도리천(忉利天)의 제석천왕(帝釋天王)을 섬기며 불법을 수호한다. 동쪽 지국천왕(持國天王), 남쪽 증장천왕(增長天王), 서쪽 광목천왕(廣目天王), 북쪽 다문천왕(多聞天王).

須彌山(수미산) ⑤sumeru의 음역. 불교와 고대 인도 우주관에서 세계의 중심에 솟아 있다는 거대한 산. 수미산을 중심으로 네 대륙(사대주(四大洲))과 아홉 개의 산과 여덟 개의 바다(구산팔해(九山八海))가 있다. 사대주는 동승신주(東勝身洲), 서우화주(西牛貨洲), 북구로주(北俱盧洲), 남섬부주(南贍部洲)이다. 이중 남섬부주에 인간이 살고 있다.

具足戒(구족계) 출가 수행자로서 자격과 위의를 얻기 위해 갖추어야 하는 계. 대계, 비구계, 비구니계라고 한다. 비구, 비구니가 받아 지켜야 하는 계법으로 비구 250계, 비구니 348계.

阿闍梨(아사리) ⑤ācārya의 음역. 교수(敎授), 궤범(軌範), 정행(正行), 응공양(應供養)의 뜻. 제자를 가르치고 지도할 자격이 있는 승려. 출가(出家)아사리, 교수(敎授)아사리, 갈마(羯磨)아사리, 수경(受經)아사리, 의지(依誌)아사리, 교육(敎育)아사리 등.

上講禮(상강례) 경전 등 강의를 시작하기 전에 올리는 예.

五分香(오분향) 오분법신(五分法身:부처와 아라한이 갖춘 다섯 가지 공덕)을 향에 비유한 말이다. 계향(戒香), 정향(定香), 혜향(慧香), 해탈향(解脫香), 해탈지견향(解脫知見香).

祝願文(축원문) 불보살께 축원하는 뜻을 적은 글.

常住物(상주물) 절에 속하는 토지와 기물(器物) 따위의 재산을 총칭.

布敎師(포교사) 불교 교리를 널리 알리는 불교신자.

優婆塞(우바새) ⑤upāsaka의 음역. 재가의 남자 신도, 불도에 입문하여 삼보에 귀의하고 오계를 받아 지니며 불법을 믿고 따르는 사람. 한자음은 우파새나 우바새로 읽는다. 여자 신도는 우바이(優婆夷)라 한다.

三淨肉(삼정육) 병든 비구가 약으로 먹을 수 있는 육식의 조건 세 가지로 불견(不見:자신을 위해서 죽이는 것을 직접 보지 않은 것), 불문(不聞:그런 사실을 듣지 않은 것), 불의(不疑:나를 위해 살생했을 것으로 의심이 가지 않는 것)를 일컫는다.

看話禪(간화선) 화두(話頭)를 본다는 뜻으로 화두·공안을 근거로 공부하는 참선법이다. 이에 반해 생각을 끊고 묵묵히 좌선하는 방법을 묵조선(默照禪)이라고 한다.

無門關(무문관) 『선종무문관(禪宗無門關)』 송(宋) 무문 혜개(慧開)가 48칙의 공안을 해설한 불서. 제1칙이 조주무자(趙州無字)이다. '무자(無字)'에 관한 탐색이 전편을 아우른다.

不淨觀(부정관) 몸이 깨끗하지 못함을 관하는 수행. 오정심관(五停心觀)의 하나로 오정심관은 부정관과 자비관(慈悲觀), 인연관(因緣觀), 계분별관(界分別觀), 수식관(數息觀)을 일컫는다. 부정관은 구상(九想)을 관상한다. 시신(屍身)에 대한 9종의 관상인 구상은 창상(脹想), 청어상(靑瘀想), 괴상(壞想), 혈도상(血塗想), 농란상(膿爛想), 담상(噉想), 산상(散想), 골상(骨想), 소상(燒想)이다.

茶飯事(다반사) 　차를 마시고 밥을 먹는 일, 지극히 일상적인 일, 선가 (禪家)에서 유래했다. 차를 마시고 밥 먹는 일상사가 곧 선이며 특별한 수행법이 있는 것이 아니라는 뜻 이다. 일상다반사(日常茶飯事), 항다반(恒茶飯), 항다 반사(恒茶飯事)라고도 한다.

獅子吼(사자후) 　사자가 울부짖는 소리. 석가모니 부처님의 설법에 모두 설복한다는 뜻. 이후 진리와 정의를 당당히 설 파하거나, 크게 열변을 토하는 것을 비유한다.

如意珠(여의주) 　뜻과 같이 이루어지게 해주는 구슬, 여의보주(如意寶 珠), 마니주(摩尼珠)라고도 한다. 여의륜관음(如意輪 觀音)은 두 손에 여의주를 들었고, 용왕의 궁전에도 있다고 하며, 사리(舍利)에서 비롯된 변형적 상징물 이라고도 한다.

尋牛圖(심우도) 　또는 십우도(十牛圖). 존재의 본래 면목, 마음을 소에 비유하여 소를 찾는 과정과 수행을 비유한 열 가지 의 그림. 심우도는 심우(尋牛:소를 찾음), 견적(見跡: 발자국을 발견), 견우(見牛:소를 발견), 득우(得牛:소 를 얻음), 목우(牧牛:소를 길들임), 기우귀가(騎牛歸 家:잘 길들인 소를 타고 돌아옴), 망우존인(忘牛存人:

소는 없고 자신만 남음), 인우구망(人牛俱忘:자신도 소도 모두 잊음), 반본환원(返本還源:돌이켜 근본으로 돌아옴), 입전수수(入纏垂手:거리로 들어가 중생을 제도) 이다. 심우도는 대체로 전각 외부에 벽화로 형상화되어 있다.

大雄殿(대웅전) 석가모니 부처님을 주불로 모신 불전, 대웅(大雄)은 석가모니 부처님을 위대한 영웅이라 한 것에서 유래한다. 협시보살로 문수보살(文殊菩薩), 보현보살(普賢菩薩)을 세우거나, 아미타불(阿彌陀佛)과 약사여래(藥師如來)를 세우는데 이때는 격상하여 대웅보전(大雄寶殿)이라고도 한다.

觀音殿(관음전) 관음보살(觀音菩薩)을 주불로 봉안한 전각, 그 사찰의 주불전일 경우에는 원통전(圓通殿)이라고 한다.

冥府殿(명부전) 저승의 유명계(幽冥界)를 상징하는 전각. 유명계의 심판인 염라대왕 등 십왕을 봉안하여 시왕전(十王殿), 지장보살이 주불이라 지장전(地藏殿)이라고도 한다.

彌勒殿(미륵전) 미륵불(彌勒佛)이나 미륵보살을 주불로 봉안한 전각. 미래불인 미륵이 용화(龍華) 세계를 이룩할 것이라

하여 용화전(龍華殿)이라고도 부른다.

三聖閣(삼성각) 산신(山神), 칠성(七星), 독성(獨聖)을 모신 전각.

藏經閣(장경각) 불교 경전(책이나 목판)을 보관해 두는 곳. 해인사의
장경판전(藏經板殿)이 대표적이다.

一柱門(일주문) 사찰에 들어설 때 모든 진리가 하나임을 상징하는 첫
번째 문. 한 줄로 세운 기둥으로 이루어져 일주문이다.

金剛門(금강문) 불교의 수호신인 금강역사(金剛力士)를 봉안한 문,
일주문 뒤에 세운다.

天王門(천왕문) 사왕천의 호법선신(護法善神) 중에 사천왕을 봉안한 문,
일주문 뒤에 세우며, 금강문(金剛門)이 있을 경우 금강
문 뒤에 세운다. 사천왕문(四天王門)이라고도 한다.

不二門(불이문) 둘이 아니며, 진리는 하나임을 의미한다. 사찰의 여
러 문 가운데 본전에 들어가는 마지막 문이다.

神衆壇(신중단) 불교를 수호하는 신중 호법선신(護法善神)을 모신 단
으로 불교에서 토속신을 수용하며 다양해졌다. 제

석천(帝釋天)·범천(梵天)·사천왕·팔대금강(八大金剛)·야차(夜叉)·아수라(阿修羅) 등 팔부(八部) 신중을 모셨다. 불단에서 불보살을 모신 곳을 상단(上壇), 신중단을 중단(中壇), 영가를 모신 단을 하단(下壇)·영단(靈壇)이라고 한다.

竈王壇(조왕단) 조왕은 원래 민간신앙에서 부엌 신인데 불교에 수용되어 불법을 수호하는 호법선신이 되었다. 조왕대신을 중앙으로 좌우에 담시역사(擔柴力士)와 조식취모(造食炊母)를 지방으로 써서 모신다.

華嚴經(화엄경) 『대방광불화엄경(大方廣佛華嚴經)』의 약칭, 한역(漢譯)은 60권, 80권, 40권의 세 가지 판본이 전한다. 80권본 화엄경은 39품으로 이루어졌으며 「보현행원품」까지 포함하면 40품으로 구성되어있다. 제39품인 「입법계품」은 선재동자가 문수를 비롯한 53선지식을 찾아 가르침을 듣고 법계에 들어감을 문학적으로 묘사한다.

阿含經(아함경) ⓢ, ⓟāgama의 음역. 원시불교 경전을 통칭한다. 산스크리트본 āgama를 번역한 것이 사아함(四阿含)이다. 경전의 양에 따라 『장아함(長阿含)』과 『중아함

(中阿含)』, 주제나 대화자 등에 따른 『잡아함(雜阿含)』, 법수(法數)에 따른 『증일아함(增一阿含)』 등으로 명명한다. 계통을 달리하는 팔리어 경전을 니카야(nikāya, 部)라 한다. 양자가 일치하는 것은 아니지만 서로 대비가 가능하다. 『장아함』: 『디가 니카야(dīgha—nikāya장부(長部))』, 『중아함』: 『맛지마 니카야(majjhima—nikāya중부(中部))』, 『증일아함』: 『앙굿타라 니카야(aṅguttara—nikāya증지부(增支部))』, 『잡아함』: 『상윳타 니카야(saṃyutta—nikāya상응부(相應部))』.

金剛經(금강경) 『금강반야바라밀경(金剛般若波羅密經)』의 약칭. 금강과 같은 반야(般若)와 그에 입각한 실천을 설하고 있는 경전이다. 공(空)사상의 기초가 되는 내용으로 반야의 심오한 이치에 대한 설법으로 이루어져 있으며, 32분(分)으로 구성되어 있다.

法華經(법화경) 『묘법연화경(妙法蓮華經)』의 약칭. 전체 28품으로 구성되어 있다. 제25품 「관세음보살보문품(觀世音菩薩普門品)」은 관음보살이 각종 화신과 신통력으로 수많은 중생을 구제하는 내용으로 종종 개별 독송된다.

千手經(천수경) 『불설천수천안관세음보살광대원만무애대비심다라
니경(佛說千手千眼觀世音菩薩廣大圓滿無礙大悲心陀羅
尼經)』의 약칭. 현재 사찰에서 독송하는 천수경과 다
르다. 현재 독송하는 천수경은 1900년 이후에 갖추
어진 것이다.

大悲呪(대비주) 천수다라니(千手陀羅尼), 천수경에 나오는 신묘장구
대다라니(神妙章句大陀羅尼)를 말한다.

四分律(사분율) 부파법장부(法藏部:담무덕부(曇無德部, Dharmagupta))
계통에서 전승된 율장으로 담무덕율이라고도 한다.
내용이 4단으로 구성되어 있기 때문에 사분율이라고
하며 후대의 율장들이 이를 저본으로 성립되어 가장
기본이 되는 율로 꼽힌다. 사분율장(四分律藏)의 별칭.

네 글자

八相成道(팔상성도) 석가모니 부처님의 생애를 여덟 가지로 나눈 것.

兜率來儀(도솔래의) 도솔천에서 이 세상에 내려오는 모습.

毘藍降生(비람강생) 비람은 룸비니, 룸비니 동산에서 탄생하는 모습.

四門遊觀(사문유관) 네 문으로 나아가 세상을 관찰하는 모습.

逾城出家(유성출가) 성을 넘어 출가하는 모습.

雪山修道(설산수도) 설산에서 수도하는 모습.

樹下降魔(수하항마) 보리수 아래에서 마구니의 항복을 받는 모습.

鹿苑轉法(녹원전법) 녹야원에서 처음 설법하는 초전법륜(初轉法輪)의 모습.

雙林涅槃(쌍림열반) 사라쌍수 아래에서 반열반에 드시는 모습.

唯我獨尊(유아독존) 석가모니 부처님의 탄생게 '천상천하유아독존 (天上天下唯我獨尊)'. 이 우주 간에 나보다 존귀 한 존재가 없다는 뜻이다. 유아독존은 홀로 높 다는 자만심의 표현이 아니라 인간의 존엄성을 설파한 것이다.

應無所住(응무소주)　응당 머무는 바 없이
而生其心(이생기심)　그 마음을 내라.『금강경』

諸惡莫作(제악막작)　모든 악을 짓지 말고,
衆善奉行(중선봉행)　모든 선을 받들어 행하며,
自淨其意(자정기의)　그 뜻을 깨끗이 하라.
是諸佛敎(시제불교)　이것이 모든 부처님의 가르침이다.
　　　　　　　　　　　「칠불통계게(七佛通戒偈)」

十二緣起(십이연기)　十二因緣(십이인연). 12가지 요소가 서로 인과
　　　　　　　　　　관계를 이루어 가면서 성립되는 것. 12가지 요
　　　　　　　　　　소는 무명(無明), 행(行), 식(識), 명색(名色), 육
　　　　　　　　　　입(六入), 촉(觸), 수(受), 애(愛), 취(取), 유(有),
　　　　　　　　　　생(生), 노사(老死) 등이다. 12연기설은 석가모
　　　　　　　　　　니 부처님이 설파한 핵심 교리로, 불교를 이해
　　　　　　　　　　하는데 가장 기초가 되는 가르침이다.

愛別離苦(애별리고)　사랑하는 사람과 헤어지는 고.
怨憎會苦(원증회고)　미워하는 사람과 만나는 고.
求不得苦(구부득고)　구하지만 얻지 못하는 고.
五陰盛苦(오음성고)　오음(오온)이 치성(熾盛:불같이 일어나는 것)하여
　　　　　　　　　　생기는 고.

財色之禍(재색지화) 재물과 색의 화는

甚於毒蛇(심어독사) 독사보다도 깊으니

省己知非(성기지비) 자신을 살펴 잘못을 알아,

常須遠離(상수원리) 항상 반드시 멀리 여의어라.

『계초심학인문(誡初心學人文)』

離心中愛(이심중애) 마음 가운데 애욕을 여읜

是名沙門(시명사문) 이를 사문이라 한다.

不戀世俗(불연세속) 세속을 그리워하지 않는

是名出家(시명출가) 이것을 출가라고 한다.

行智具備(행지구비) 행과 지혜를 구비하는 것은

如車二輪(여거이륜) 수레의 두 바퀴와 같음이요.

自利利他(자리이타) 자신을 이롭게 하고 타인을 이롭게 하는 것은

如鳥兩翼(여조양익) 새의 두 날개와 같음이다.

戒爲善梯(계위선제) 계행이 좋은 사다리가 된다.

『발심수행장(發心修行章)』

四弘誓願(사홍서원) 네 가지의 넓고 큰 서원.

三十二相(삼십이상) 부처님 상호의 서른두 가지 특징.

如來十號(여래십호) 석가모니 부처님을 일컫는 열 가지 명호. 여래
(如來:진리에서 온 자), 응공(應供:마땅히 공양
받을 자), 정변지(正遍知:바르고 두루 깨달은
자), 명행족(明行足:지혜와 실천을 충족한 자),
선서(善逝:깨달음으로 잘 가는 이), 세간해(世
間解:세간을 다 이해한 이), 무상사(無上士:더
위가 없는 사람), 조어장부(調御丈夫:사람들을
잘 길들이는 이), 천인사(天人師:천신과 인간의
스승), 불세존(佛世尊:깨달으신 세상에서 가장
존경 받는 자). 여래를 빼고, 불, 세존을 분리하
여 십호로 보기도 한다.

諸行無常(제행무상) 모든 물질 현상은 영원함이 없이 변화한다.
諸法無我(제법무아) 모든 법은 인연생기로 고정 불변의 자아는 없다.
一切皆苦(일체개고) 모든 것은 다 괴로움이다.
涅槃寂靜(열반적정) 열반을 이루어 고요하다. 윤회의 고통을 벗어
난 경지.

十大弟子(십대제자) 석가모니 부처님의 대표 제자 10명. 지혜제일
(智慧第一) 사리불(舍利弗), 신통제일(神通第一)
목건련(目犍連), 두타제일(頭陀第一) 마하가섭
(摩訶迦葉), 천안제일(天眼第一) 아나율(阿那律),

해공제일(解空第一) 수보리(須菩提), 설법제일
(說法第一) 부루나(富樓那), 논의제일(論議第一)
가전연(迦旃延), 지계제일(持戒第一) 우바리(優
婆離), 밀행제일(密行第一) 나훌라(羅睺羅), 다
문제일(多聞第一) 아난다(阿難陀).

阿彌陀佛(아미타불) ⓢamitābha−buddha ; amitāyus−buddha의 음역,
아미타불, 무량수불이라 한다. 서방 정토 신앙
의 핵심이 되는 부처님. 서방정토 극락세계를
마련하고 중생을 구제한다.

觀音菩薩(관음보살) 관세음보살(觀世音菩薩). 세상의 음성을 관하여
중생을 제도하는 보살로 자비를 상징하여 대
비(大悲) 관세음보살이라 한다. 중생이 원하는
33 · 32화신(化身)의 모습으로 나타나 구제한다.

地藏菩薩(지장보살) 석존 입멸 후 미륵여래 출현 전까지 육도 중생
을 구제하겠다는 대원을 세운 보살. 모든 중생
이 구원을 받기 전에는 성불하지 않겠다는 큰
발원을 세워 대원(大願) 지장보살이라 한다. 지
옥의 중생을 제도하는데 중점을 두기 때문에
명부전(冥府殿)에서 본존으로 모신다. 삭발하

고 육환장(六環杖)을 든 모습으로 형상화.

文殊菩薩(문수보살)　Ⓢmañjuśrī의 음역. 묘덕(妙德), 묘길상(妙吉祥)
의 뜻. 지혜를 대표하여 대지(大智) 문수보살이
라 칭한다. 석가모니 부처님의 왼쪽에 자리하며
오른손에는 지혜의 검이나 경권(經卷), 왼손에는
연화를 들었으며 사자를 타고 있다.

普賢菩薩(보현보살)　행원(行願)을 상징하여 대행(大行) 보현보살이라
칭한다. 중생의 목숨을 길게 하는 덕을 갖춰 연
명보살(延命菩薩)이라고도 한다. 석가모니 부처
님의 오른쪽 협시이며 하얀 코끼리를 타고 있
다. 밀교에서는 연화대에 앉아 검을 든 모습으
로 형상화.

天龍八部(천룡팔부)　불법을 수호하는 호법선신을 부르는 말. 천
(天), 용(龍), 야차(夜叉), 건달바(乾闥婆), 아수라
(阿修羅), 가루라(迦樓羅), 긴나라(緊那羅), 마후
라가(摩睺羅迦) 등 팔부중 가운데 천과 용의 위
력이 뛰어나므로 이와 같이 부른다.

다섯 글자

若人欲了知(약인욕요지) 만약 어떤 사람이,
三世一切佛(삼세일체불) 삼세 일체의 부처님을 알고자 한다면,
應觀法界性(응관법계성) 반드시 법계의 성품을 관하라.
一切唯心造(일체유심조) 모든 것은 마음으로 이루어진다.『화엄경』

諸法從本來(제법종본래) 모든 법이 본래부터,
常自寂滅相(상자적멸상) 늘 그대로 적멸상이니,
佛子行道已(불자행도이) 불자가 이 도리를 행하여 마치면,
來世得作佛(내세득작불) 다음 세상에는 부처를 이루리라.『법화경』

若以色見我(약이색견아) 만약 모양으로 나를 보거나,
以音聲求我(이음성구아) 음성으로 나를 구하면,
是人行邪道(시인행사도) 이 사람은 삿된 도를 행함이니,
不能見如來(불능견여래) 여래를 볼 수 없느니라.『금강경』

一切有爲法(일체유위법) 일체의 유위법은,
如夢幻泡影(여몽환포영) 꿈과 같고 물거품과 같으며,
如露亦如電(여로역여전) 이슬과 같고 번개와 같으니,
應作如是觀(응작여시관) 반드시 이와 같이 관할지니라.『금강경』

高麗大藏經(고려대장경) 대장경은 경율논(經律論) 삼장(三藏)의 집
대성을 이른다. 고려조에 재조(再雕)한 대
장경이 가야산 해인사 장경각에 봉안되어
있다. 팔만대장경(八萬大藏經).

皆共成佛道(개공성불도) 모두 함께 성불을 이루리다.

여섯 글자

空手來空手去 빈손으로 왔다가 빈손으로 간다는 뜻으로 사람이 세
(공수래공수거) 상이 났다가 헛되이 죽는 것을 말함.

無上正等正覺 ⑤anuttara−samyak−saṃbodhi의 음역 아뇩다라삼먁삼
(무상정등정각) 보리(阿耨多羅三藐三菩提)를 뜻으로 번역한 것. 부처
님이 깨달은 지혜. 위없이 바르며 완전하고 원만한
최고 최상의 깨달음이라는 뜻이다.

三千大千世界 거대한 우주를 가리키는 말. 수미산을 중심으로 사
(삼천대천세계) 주(四洲)·구산팔해(九山八海) 등이 1세계, 1세계 천
개가 소천세계(小千世界), 소천세계 천 개가 중천세
계(中千世界), 중천세계 천 개가 대천세계(大千世界)
이다. 삼천대천세계는 하나의 대천세계를 뜻한다.
삼천세계(三千世界), 일대삼천세계(一大三千世界)라
고도 한다. 예로 일념삼천(一念三千)이라고 하면 중
생의 일념(一念)에 삼천세계가 다 갖추어져 있다는
뜻이다.

自燈明法燈明
(자등명법등명)
자신을 등불로 삼고 가르침을 등불로 삼으라. 석가모니 부처님의 유훈으로『대반열반경(大般涅槃經)』에 나온다. 이어지는 뒤 구절이 "자귀의법귀의(自歸依 法歸依:자기에게 의지하고 가르침(진리)에 의지하여 열심히 수행하라.)"다.

初發心自警文
(초발심자경문)
목우자(牧牛子) 지눌(知訥)의 『계초심학인문(誡初心 學人文)』, 원효(元曉)의『발심수행장(發心修行章)』, 야운(野雲) 비구의『자경문(自警文)』을 하나로 엮은 책. 불교에 처음 입문한 행자가 익혀야 할 가르침을 담고 있다.

深觀能禮所禮
(심관능례소례)
능례(예를 행하는 자)와 소례(예를 행하는 대상)를 깊이 관하리니,

皆從眞性緣起
(개종진성연기)
모두 진성으로부터 연기한다.

『계초심학인문(誡初心學人文)』

일곱 글자

天上天下無如佛   천상천하 부처님 같은 이 없고
(천상천하무여불)

十方世界亦無比   시방세계 그 누구도 비할 수 없네.
(시방세계역무비)

世間所有我盡見   온 세상 온갖 것을 빠짐없이 볼지라도
(세간소유아진견)

一切無有如佛者   부처님 같으신 분 아니계시네.
(일체무유여불자)

玉兎昇沈催老像   옥토끼(달) 뜨고 져 모양을 재촉하고
(옥토승침최로상)

金烏出沒促年光   금까마귀(해) 출몰하여 세월을 재촉함이로다.
(금오출몰촉년광)
                           『자경문(自警文)』

無上甚深微妙法   가장 높고 깊고 미묘한 법문은
(무상심심미묘법)

百千萬劫難遭遇   백천만겁이 지나도 만나기 어렵다.
(백천만겁난조우)

衆生無邊誓願度   한 없는 중생을 제도하기를 서원하며,
(중생무변서원도)

煩惱無盡誓願斷   번뇌가 다함이 없지만 끊기를 서원하며,
(번뇌무진서원단)

法門無量誓願學   법문은 한량이 없어도 배우기를 서원하며,
(법문무량서원학)

佛道無上誓願成   불도는 가장 높으니 이루기를 서원합니다.
(불도무상서원성)
「사홍서원(四弘誓願)」

初發心時便正覺   초발심 그 순간이 바로 바른 깨침이요.
(초발심시변정각)

生死涅槃相共和   생과 사 열반세계 항상 서로 함께 하네.
(생사열반상공화)
「법성게(法性偈)」

大方廣佛華嚴經
(대방광불화엄경)

'화엄경' 참조.

大韓佛教曹溪宗
(대한불교조계종)

대한민국의 불교 종단 조계종을 말한다. 조계종은
"석가세존의 자각각타(自覺覺他) 각행원만(覺行圓滿)한 근본교리를 봉체(奉體)하며, 직지인심(直指人心) 견성성불(見性成佛) 전법도생(傳法度生)함"을 종지로 한다. 소의경전은『금강경(金剛經)』과『전등법어(傳燈法語)』, 종조는 도의국사(道義國師)다.

02

불교한자
쓰기 연습

한 글자

- **佛(불)** 각자(覺者), 지자(智者), 각(覺)을 뜻한다. 불타라 하면 석가모니 부처님을 지칭.
- **法(법)** 진리, 현상, 부처님의 가르침, 불교 경전, 진리.
- **僧(승)** 승가(僧伽), 중(衆)·화합중(和合衆). 출가 수계 후 불도를 닦는 수행자.
- **戒(계)** 몸의 행(行)과 언어의 그릇됨을 막고 악을 그치게 한다는 의미.
- **定(정)** 마음을 한 곳에 집중하여 산란하지 않은 상태, 마음을 가라앉히고 고요히 생각함.
- **慧(혜)** 모든 현상을 분명하게 판단하고 추리하는 마음 작용. 반야(般若), 지혜(智慧).

佛 부처 불	ノ 亻 亻 仴 佛 佛				
	佛				
法 법 법	` ` 氵 氵 汁 浊 法 法				
	法				
僧 승려 승	ノ 亻 亻 仁 炏 俨 俨 僧 僧 僧 僧 僧				
	僧				
戒 경계할 계	一 二 丆 开 戒 戒 戒				
	戒				
定 정할 정	` ' 宀 宀 宀 宇 宇 定 定				
	定				
慧 슬기로울 혜	一 二 三 丰 丯 圭 圭 彗 彗 彗 彗 慧 慧 慧				
	慧				

한 글자

- 經(경) 부처님이 제자와 중생교화를 위해 설법하신 가르침과 그 기록.
- 律(율) 출가 수행자가 지켜야할 규범.
- 論(논) 부처님 경(經)이나 계율을 주석하고 정리 연구한 문헌.
- 苦(고) 마음이나 몸이 뜻대로 되지 않아 괴로워 불편하고 어지럽고 불안함.
- 業(업) 몸과 입과 마음으로 짓는 행위.
- 緣(연) 어떤 결과를 일으키는 간접, 외적 원인. 분별하고 망상하는 주관의 작용이다.

經 글 경	﹀ ﹅ ﹅ 糸 糸 糸 糽 紗 絅 絅 經 經 經				
	經				

律 법칙 율	﹅ ﹅ 彳 彳 彳 律 律 律				
	律				

論 논할 논	﹅ 二 三 言 言 言 訃 訟 論 論 論 論 論 論				
	論				

苦 괴로울 고	一 十 十 芊 苧 苦 苦 苦 苦				
	苦				

業 업 업	﹅ 丷 业 业 业 业 业 丵 丵 業 業				
	業				

緣 인연 연	﹀ ﹅ ﹅ 糸 糸 糸 紆 紆 絟 絟 緑 緑 緑 緣				
	緣				

한 글자

- **空(공)** 항상 변하지 않는 실체나 고정된 경계나 틀이 없다는 것.
- **色(색)** 색이나 형체를 지닌 모든 물질 존재.
- **受(수)** 마음의 감수 작용.
- **想(상)** 모양을 마음으로 파악하는 의식작용, 대상에 이름을 부여하고 다양한 개념을 지어내는 것.
- **行(행)** 짓는다는 뜻, 분별하고 차별하는 의식 작용. 동작 또는 행위의 뜻.
- **識(식)** 외부 경계를 식별하고 판단하는 마음 · 인식 작용이며 인식 주관의 뜻으로도 쓴다.

空 빌 공	` ` ` ` 宀 宀 ゲ 空 空 空 空				
色 모양 색	` ` ゲ 夕 名 色 色				
受 받을 수	` ` ` ` ` ` 爫 爫 严 受 受 受				
想 생각 상	一 十 才 木 村 机 相 相 相 相 想 想 想 想				
行 다닐 행	` ` ` 彳 彳 行 行 行				
識 알 식	一 二 三 言 言 言 言 訂 訂 許 許 諳 諳 諳 識 識 識				

한 글자

- 相(상) 모양, 모습, 상태, 특징, 특질, 생각, 관념, 흔적을 남기려는 생각, 체상용(體相用)의 상.
- 覺(각) 깨달음, 깨달음의 지혜, 온갖 번뇌와 분별이 끊어진 마음 상태.
- 劫(겁) 인도의 가장 긴 시간 단위로 일반적인 시간 단위로 헤아릴 수 없는 매우 긴 세월.
- 偈(게) 송(頌)의 뜻으로 경전에서 운문 형식의 내용, 또는 선사(禪師)의 법문이나 시.
- 魔(마) 혼란, 장애, 죽이는 자 등의 의미. 수행을 방해하고 중생을 괴롭히는 온갖 번뇌.
- 卍(만) 길상(吉祥) · 경복(慶福) · 행운(幸運).

相 모양 상	一 十 才 木 朾 机 相 相 相
	相

覺 깨달을 각	′ ⺊ ⺊ ⺊ ⺊ ⺊ ⺊ 段 段 段 段 段 段 段 段 覺 覺 覺 覺 覺
	覺

劫 오랜세월 겁	一 十 土 圥 去 刧 劫
	劫

偈 게송 게	′ 亻 亻 俨 俨 俨 伊 偈 偈 偈 偈
	偈

魔 마귀 마	′ 亠 广 庐 庐 庐 庐 庐 庐 麻 麻 麻 麻 麻 麾 魔 魔
	魔

卍 만자 만	一 丁 乛 卍 卍 卍
	卍

한 글자

- **殿(전)** 부처나 보살을 모신 사찰의 건물.
- **塔(탑)** 부처님의 덕을 앙모하여 은혜를 갚고 공양하는 의미로 세운 것을 총칭.
- **齋(재)** 성대한 불공, 죽은 사람을 제도하는 의식, 스님들에게 음식 공양을 올리는 것.

殿 전각 전	ㄱ ㄲ ㅋ 尸 尸 屁 屄 屄 屡 屍 殿 殿 殿				
	殿				
塔 탑 탑	一 十 土 圤 圵 圹 圹 圹 圹 塔 塔 塔				
	塔				
齋 재계할 재	丶 亠 ㅗ 亦 亦 产 产 产 齊 齋 齋 齋				
	齋				

두 글자

- 佛敎(불교) 부처님의 가르침.
- 佛陀(불타) '佛' 참조.
- 達磨(달마) 법(法), 규칙, 보리달마(菩提達磨)의 준말.

佛 부처 불	ノ イ 仁 仁 佇 佛 佛				
	佛				

敎 가르칠 교	ノ メ ゝ 孝 耂 考 孝 爹 教 教				
	敎				

佛 부처 불	ノ イ 仁 仁 佇 佛 佛				
	佛				

陀 비탈질 타	ㄱ ㇗ 阝 阝' 阝' 阤 陀 陀				
	陀				

達 통달할 달	一 十 土 キ ㆍ 查 查 查 幸 幸 達 達 達				
	達				

磨 갈 마	` 亠 广 广 庐 庐 庐 府 庭 庶 磨 磨 磨 磨				
	磨				

두 글자

- 教理(교리) 가르침의 이치와 도리, 한 종파에서 세우는 가르침
- 輪迴(윤회) 끊임없는 흐름, 생사(生死)를 끊임없이 반복하는 것.
- 緣起(연기) 모든 존재는 서로 연결되어 있다는 의미. 사찰·불상 조성의 유래를 기록한 것.

教 가르칠 교	ノ メ ナ 耂 耂 孝 孝 孝 考 敎 敎 敎						
理 다스릴 리	一 二 干 王 玎 玑 珇 玾 理 理 理						
輪 바퀴 륜(윤)	一 厂 冂 冃 亘 車 軒 軒 軒 軒 輪 輪 輪 輪 輪						
廻 돌 회	｜ 冂 冃 冋 回 回 迥 廻 廻 廻						
緣 인연 연	＜ 幺 糸 糸 糸 糽 紓 縁 縁 縁 縁 緣 緣 緣						
起 일어날 기	一 十 土 走 走 赴 起 起 起 起 起						

두 글자

- 佛性(불성) 부처로서의 본성, 모든 중생에게 원래 갖추어진 부처의 성품.
- 般若(반야) 지혜(智慧), 혜(慧). 분별과 집착이 끊어진 마음 상태, 그런 힘.
- 菩提(보리) 각(覺), 지(智), 도(道), 지혜. 한자음은 보제이나 음역하여 보리로 읽는다.

佛 부처 불	ノ イ 仁 仨 仴 佛佛
	佛
性 성품 성	ノ ハ 忄 忄 忄 忄 性 性
	性
般 가지 반	ノ 丿 几 刖 月 舟 舟 舟 舮 船 般
	般
若 반야 야	一 十 キ 艹 芋 芊 若 若
	若
菩 보살 보	一 十 キ 艹 芢 苙 莋 莋 莁 菩 菩 菩
	菩
提 끌 제(리)	一 寸 扌 扪 护 捏 捏 捏 捏 捍 捍 提
	提

두 글자

- **慈悲(자비)** 사랑하고 가엾게 여기는 마음.
- **眞如(진여)** 모든 현상의 실상, 참모습. 중생이 본디 갖추고 있는 청정한 성품.
- **煩惱(번뇌)** 중생을 어지럽히고 괴롭게 하며 산란하게 하는 마음 작용.

慈 사랑 자	`丶 丷 丷 兰 丝 玆 玆 兹 兹 兹 慈 慈 慈` 慈							
悲 슬플 비	`ノ 丿 ヲ ヲ 钅 非 非 非 非 悲 悲 悲` 悲							
眞 참 진	`一 匕 匕 臼 臼 眉 眉 眞 眞 眞` 眞							
如 같을 여	`乀 女 女 如 如 如` 如							
煩 번거로울 번	`丶 丷 丬 火 灯 灯 炉 炉 煩 煩 煩 煩 煩` 煩							
惱 번뇌할 뇌	`丶 丷 忄 忄 怜 怜 怜 怜 惱 惱 惱 惱` 惱							

두 글자

- **無明(무명)** 본래 밝은 마음을 가리고 있는 근본적인 번뇌.
- **涅槃(열반)** 모든 번뇌에서 해탈하여 깨달음의 지혜를 완성한 경지. 부처님이나 스님의 죽음.
- **解脫(해탈)** 번뇌의 속박에서 벗어나 자유자재한 경지.

無 없을 무	ノ ニ ト ド ド 午 缶 缶 無 無 無 無
	無

明 밝을 명	l ㄇ ㄇ 日 日] 明 明 明
	明

涅 열반 열	ヽ ヽ ヽ ソ 沪 沪 沪 涅 涅 涅
	涅

槃 열반 반	ノ 丿 刀 刀 舟 舟 舟 舟 般 般 槃 槃
	槃

解 풀 해	ノ ク ク 角 角 角 角 解 解 解 解 解
	解

脫 벗을 탈	l 刀 刀 月 月 肝 肝 肝 肸 脫 脫
	脫

두 글자

- 神通(신통) 수행의 힘으로 갖추게 되는 신비한 능력.
- 三藏(삼장) 세 종류의 불전, 경장(經藏), 율장(律藏), 논장(論藏).
- 結集(결집) 부처님 열반 후에 제자들이 모여 그 가르침을 모아서 정리한 것.

神 귀신 신	一 一 亍 亓 示 和 和 神 神
通 통할 통	フ マ マ 予 丹 丙 甬 涌 涌 通 通
三 석 삼	一 二 三
藏 경전 장	一 十 忙 芹 苎 苎 庄 扩 扩 扩 菥 菥 菥 菥 藏 藏 藏
結 맺을 결	〈 幺 幺 糸 糸 糸 紂 紂 結 結 結 結
集 모을 집	丿 亻 亻 仁 �乍 仁 隹 隹 隹 隼 集 集

두 글자

- **大乘(대승)** 중생을 깨달음에 이르게 하는 큰 가르침, 보살도의 가르침.
- **小乘(소승)** 대승불교 학파들이 기존의 부파불교(部派佛敎) 학파를 낮추어 부른 명칭.
- **三學(삼학)** 깨닫고자 하는 이가 반드시 배워야 할 세 가지인 계율, 선정, 지혜.

大 클 대	一 ナ 大 大				
乘 탈 승	ノ 二 千 千 千 千 乖 乖 乘 乘				
小 작을 소	亅 小 小 小				
乘 탈 승	ノ 二 千 千 千 千 乖 乖 乘 乘				
三 석 삼	一 二 三 三				
學 배울 학	學				

두 글자

- 三毒(삼독) 탐욕(貪欲), 진에(瞋恚), 우치(愚癡). 중생을 해친다는 의미에서 독으로 비유.
- 五蘊(오온) 화합하여 변화하는 다섯 가지의 쌓임. 색수상행식(色受想行識).
- 六根(육근) 감각기관으로 대상을 느끼고 의식하는 여섯 가지. 안이비설신의(眼耳鼻舌身意).

三 석 삼	一 二 三 三					
毒 독 독	一 二 キ 丰 圭 毒 毒 毒 毒 毒					
五 다섯 오	一 丁 五 五 五					
蘊 쌓을 온	蘊					
六 여섯 육	亠 六 六 六					
根 뿌리 근	根					

두 글자

- 六境(육경) 육근(六根)의 대상인 색성향미촉법(色聲香味觸法).
- 六識(육식) 육근으로 육경을 식별하는 여섯 가지 마음 작용.
- 六道(육도) 중생이 윤회하는 여섯 곳의 세계. 지옥, 아귀, 축생, 아수라, 인간, 천상.

六 여섯 육	亠 十 六 六 六					
境 경계 경	一 十 土 圤 圹 圹 圹 埖 埣 培 培 培 埻 境 境					
六 여섯 육	亠 十 六 六 六					
識 알 식	識					
六 여섯 육	亠 十 六 六 六					
道 이치 도	道					

두 글자

- 地獄(지옥) 자신이 지은 악업으로 인해 머물게 되는 세계, 온갖 고통으로 가득한 생존.
- 餓鬼(아귀) 삼악도의 하나인 아귀도에 태어난 중생, 배고프고 목마른 형벌.
- 畜生(축생) 남이 길러주는 생명, 모든 동물. 악업을 짓고 어리석은 과보로 태어난다고 한다.

地 땅 지	一 十 土 圹 地 地						
	地						
獄 옥 옥	丶 ノ 犭 犭 犭 犭 犭 狺 狺 狺 狺 獄 獄 獄						
	獄						
餓 주릴 아	ノ ㅅ ㅅ 今 今 仐 飠 飠 飠 飠 飦 飦 飦 餓						
	餓						
鬼 귀신 귀	丶 丿 白 白 由 由 尹 鬼 鬼						
	鬼						
畜 짐승 축	丶 亠 亡 产 玄 产 斉 斉 畜 畜						
	畜						
生 날 생	ノ ㇒ 二 牛 生						
	生						

두 글자

- **修羅(수라)** 인간과 축생의 사이에서 늘 싸움만을 일삼는다고 한다.
- **三界(삼계)** 중생이 윤회하는 세 가지 세계. 욕계(欲界), 색계(色界), 무색계(無色界).
- **欲界(욕계)** 욕망이 지배하는 세계, 남녀의 성별이 있고 식욕·수면욕·음욕이 있다.

修 닦을 수	ノ 亻 亻 亻 亻 仁 仃 攸 修 修 修 修					
羅 벌일 라(나)	丨 冂 冂 罒 罒 罒 罘 罘 罘 羂 羂 羂 羂 羂 羂 羅 羅					
三 석 삼	一 二 三 三					
界 지경 계	丨 冂 冂 田 田 田 ワ 尹 界 界 界					
欲 하고자할 욕	ノ 八 久 父 父 谷 谷 谷 谷 欲 欲 欲					
界 지경 계	丨 冂 冂 田 田 田 ワ 尹 界 界 界					

두 글자

- **色界(색계)** 욕망을 벗어났으나 육체는 남아 있는 세계. 광명으로 음식과 언어를 대신한다.
- **淨土(정토)** 불보살이 사는 청정한 국토. 분별심이 사라진 청정한 의식 상태.
- **授記(수기)** 부처님이 불제자에게 미래에 성불할 것이라고 기약하는 일.

色 모양 색	ノ ク ク 与 色 色					
	色					
界 지경 계	丨 冂 冃 田 田 囲 界 界 界					
	界					
淨 깨끗할 정	丶 丶 氵 氵 广 广 淨 淨 淨 淨					
	淨					
土 흙 토	一 十 土					
	土					
授 줄 수	一 十 扌 扌 扩 扩 捄 捄 捽 授 授					
	授					
記 기록할 기	一 二 言 言 言 言 訂 記 記					
	記					

두 글자

- **法堂(법당)** 불상을 모신 사찰의 중심 건물로 설법하거나 각종 의식을 행하는 장소.
- **佛像(불상)** 부처님의 모습을 조상(造像)한 것.
- **手印(수인)** 불보살의 깨달음이나 서원을 상징하는 여러 가지 손 모양.

法 법 법	` ` ` ` ` ` ` 氵 汁 汁 汁 注 法 法 法				
堂 집 당	` ` ` ` ` ` ` ` ` ` 堂 堂 堂				
佛 부처 불	` ` ` ` ` ` 佛 佛				
像 모양 상	` ` ` ` ` ` ` ` ` ` ` ` 像 像				
手 손 수	` ` ` ` 手 手				
印 도장 인	` ` ` ` ` 印 印				

두 글자

- 佛供(불공) 불보살께 올리는 공양, 음식·옷·향·등·꽃·과일 등을 공급하는 일.
- 念佛(염불) 불보살의 상호(相好)나 공덕을 생각하는 일, 또는 소리 내어 그 명호를 부르는 것.
- 三昧(삼매) 하나에 집중하여 산란하지 않고 한결같이 평온한 마음을 유지하는 경지.

佛 부처 불	´ ⺅ ⺊ ⺊ 佀 佛 佛				
	佛				

供 이바지할 공	´ ⺅ ⺅ 什 世 佃 供 供				
	供				

念 생각 염	ノ 人 ⼈ 今 今 念 念 念				
	念				

佛 부처 불	´ ⺅ ⺊ ⺊ 佀 佛 佛				
	佛				

三 석 삼	⼀ ⼆ 三				
	三				

昧 어두울 매	⼁ ⼁⼁ ⽇ ⽇ ⽇ 昁 昁 昧 昧				
	昧				

두 글자

- **念珠(염주)** 실에 보리수열매, 수정, 구슬 등을 꿰어서 이은 것.
- **眞言(진언)** 불보살의 서원이나 덕, 또는 가르침, 지혜를 나타내는 비밀스러운 말.
- **禮拜(예배)** 불교에서 불보살에게 공경하는 마음으로 머리를 숙이고 합장하며 절하는 행동.

念 생각 염	ノ 人 人 今 今 念 念 念 念				
珠 구슬 주	一 = 千 玉 玗 珔 玤 珠 珠 珠				
眞 참 진	一 匕 上 片 片 片 眉 直 眞 眞 眞				
言 말씀 언	一 二 三 言 言 言 言 言				
禮 예도 예	一 亠 疒 疒 礻 礻 礻 礻 神 神 禮 禮 禮 禮 禮 禮 禮 禮 禮				
拜 절 배	一 二 三 手 手 手 拜 拜 拜 拜				

두 글자

- 禮佛(예불) 경건한 마음으로 거룩한 부처님께 예를 올림. 절에서 아침저녁으로 행하는 의식.
- 南無(나무) 중생이 부처님께 진심으로 목숨을 바쳐 귀의. 한자음은 남무이나 나무로 읽는다.
- 木鐸(목탁) 제반 불교의식에서 사용하는 법구(法具). 늘 깨어서 정진하라는 의미.

禮 예도 예	一 二 亍 亓 禾 秖 礻 ネ神 神 神 禮 禮 禮 禮 禮 禮					
	禮					

佛 부처 불	ノ イ 亻 仁 佝 佛 佛					
	佛					

南 남녘 남(나)	一 十 冂 冇 内 南 南 南 南					
	南					

無 없을 무	ノ 仁 仨 仨 年 無 無 無 無 無 無 無					
	無					

木 나무 목	一 十 才 木					
	木					

鐸 방울 탁	ノ 人 亼 合 合 牟 余 金 金 釒 鈩 鈩 鐸 鐸 鐸 鐸 鐸 鐸 鐸 鐸					
	鐸					

두 글자

- 茶毘(다비) 화장(火葬)하는 장례법, 스님들의 장례.
- 入齋(입재) 재(齋)와 기도의 시작이나 그 의식.
- 廻向(회향) 자신의 공덕을 일체 중생에게 돌려서 깨달음으로 향하게 함, 기도의 마침의식.

茶 차 다	一 十 士 艹 艻 艾 茐 苯 茶 茶 茶				
毘 도울 비	丨 冂 冃 甲 甲 甲 毘 毘 毘 毘				
入 들 입	丿 入 入				
齋 재계할 재	丶 亠 云 产 产 斉 斉 斉 斉 产 产 斉 斉 齋 齋 齋				
廻 돌 회	丨 冂 冂 冋 冋 回 㢠 廻 廻 廻				
向 향할 향	丶 丿 冂 冋 向 向 向				

두 글자

- **保體**(보체) 몸을 보호한다는 뜻, 불공할 때 이름 뒤에 붙여 축원한다.
- **施食**(시식) 명복(冥福)을 빌며 음식을 올리고 독경하는 의식, 불사나 법회 때 음식을 공양함.
- **比丘**(비구) 출가하여 구족계(具足戒)를 받은 스님.

保 지킬 보	ノ イ イ′ 仁 仔 仔 保 保 保		保							
體 몸 체	l 冂 冎 冎 骨 骨 骨 骨 骨 骨 骨 骨 骨 體 體 體 體 體 體		體							
施 베풀 시	′ 亠 方 方 方 扩 扩 施 施		施							
食 밥 식	ノ 人 人 今 今 今 食 食 食		食							
比 견줄 비	一 上 比 比		比							
丘 언덕 구	一 厂 斤 斤 丘		丘							

두 글자

- 沙彌(사미) 출가하여 십계를 받고 비구가 되기 전의 스님.
- 沙門(사문) 출가한 이를 공통으로 이르는 말.
- 羅漢(나한) 아라한(阿羅漢).

沙 모래 사	` ` `氵 氵汀 沙 沙 沙				
	沙				

彌 미륵 미	` 了 号 弓 弓' 弓' 弘 弘 彌 彌 彌 彌 彌 彌 彌 彌				
	彌				

沙 모래 사	` ` `氵 氵汀 沙 沙 沙				
	沙				

門 문 문	l l' l' l' l' l' l' l' 門 門 門				
	門				

羅 벌일 라(나)	l l' l' l' l' l' l' 罒 罒 罒 罒 羅 羅 羅				
	羅				

漢 한나라 한	` ` `氵 氵氵 氵 氵 氵 漢 漢 漢 漢 漢				
	漢				

두 글자

- 祖師(조사) 한 종파를 시작하거나 종파의 선덕으로 시조처럼 존경 받는 스님
- 宗師(종사) 존경과 지도할 수 있는 학덕을 갖춘 고승, 선종(禪宗)에서 조사를 대신하는 말.
- 和尙(화상) 고승의 존칭, 수계 때의 스승, 제자를 둘 수 있는 자격이 있는 스님.

祖 조상 조	ー ニ テ 礻 礻 礻 礻 祖 祖 祖 祖				
師 스승 사	´ ⺆ ⺆ ⺆ ⺆ ⺆ 自 師 師 師 師				
宗 마루 종	` ⺌ 宀 宀 ⺍ 宇 宇 宗 宗				
師 스승 사	´ ⺆ ⺆ ⺆ ⺆ ⺆ 自 師 師 師 師				
和 화할 화	ー ニ 千 千 禾 利 和 和 和				
尙 오히려 상	` ⺌ ⺌ 冖 冋 尚 尚 尚 尚				

두 글자

- **長老(장로)** 법랍(法臘)이 많고 덕이 높은 수행자, 선종 사찰에서는 주지스님 호칭으로도 쓰였다.
- **禪師(선사)** 선가에서 스님에게 붙이는 경칭.
- **律師(율사)** 계율을 잘 알고 지키는 청정한 스님.

長 길 장	ㅣ Γ Γ Ε Ε Ε 트 투 長	長				
老 늙을 노(로)	一 十 土 耂 耂 老	老				
禪 선 선	一 ニ 亍 亍 禾 禾 衤 衤 衤 衤 衤 禪 禪 禮 禪	禪				
師 스승 사	´ ſ ſ ſ' ſ' ſ' ſ' ſ' 師	師				
律 법칙 율(률)	´ ´ ſ ſ' ſ' ſ' ſ' 律 律	律				
師 스승 사	´ ſ ſ ſ' ſ' ſ' ſ' ſ' 師	師				

두 글자

- **講師(강사)** 경론(經論)을 가르치는 스님, 스승. 참고로 강백(講伯)은 강사에 대한 존칭.
- **居士(거사)** 가주(家住), 처사(處士)라고도 하며 남자 재가 불자.
- **菩薩(보살)** 보리살타(菩提薩埵)의 준말, 깨달음을 추구하며 중생을 제도하는 수행자.
  여자 재가 불자.

講 외울 강	一 二 三 三 言 言 計 詳 講 講 講 講 講 講				
師 스승 사	′ ′ ′ ′ ′ ′ 自 自 自 師 師				
居 살 거	ー ユ ア 尸 尸 尺 居 居				
士 선비 사	ー 十 士				
菩 보살 보	ー 十 艹 艹 艹 艹 苹 苹 莹 菩 菩				
薩 보살 살	ー 十 艹 艹 茫 萨 萨 萨 萨 萨 萨 萨 萨 萨 薩 薩				

두 글자

- 出家(출가) 세속의 번잡한 일상과 번뇌를 떠나 불가에 입문하여 수행에 전념하는 것.
- 行者(행자) 불도를 수행하는 사람, 원시불교에서는 비구를 지칭, 예비스님.
- 恩師(은사) 불교에서는 출가하여 삭발하게 해준 스승.

出 날 출	｜ 十 屮 出 出				
	出				
家 집 가	｀ ｀ 宀 宀 宇 宇 宇 家 家 家				
	家				
行 다닐 행	｀ ｀ 彳 彳 行 行				
	行				
者 놈 자	一 十 土 耂 者 者 者 者 者				
	者				
恩 은혜 은	｜ 冂 冂 月 因 因 因 恩 恩 恩				
	恩				
師 스승 사	｀ ｢ ｢ ｢ ｢ 自 自 自 師 師				
	師				

두 글자

- **上佐(상좌)** 윗사람을 돕는다는 뜻으로, 곧 한 스승의 제자를 일컫는다.
- **上座(상좌)** 출가한지 오래되어 맨 윗자리에 앉는 비구, 수행이 오래된 덕 높은 수행자.
- **法名(법명)** 불교에 입문하여 받게 되는 이름.

上 윗 상	丨 卜 上 上					
佐 도울 좌	丿 亻 亻 仁 佐 佐 佐 佐					
上 윗 상	丨 卜 上 上					
座 상좌	丶 亠 广 广 广 庈 座 座 座 座					
法 법 법	丶 丶 氵 汁 汁 沣 法 法 法					
名 이름 명	丿 ク タ タ 名 名 名					

두 글자

- 法臘(법랍) 스님이 된 해부터 세는 나이.
- 師兄(사형) 한 은사의 제자로 자기보다 먼저 출가한 이를 칭호 하는 말.
- 師弟(사제) 한 은사의 제자로 자기보다 나중에 출가한 이를 칭호 하는 말.

法 법 법	丶 丶 氵 氵 汓 汀 泮 法 法					
	法					
臘 섣달 랍(납)	丿 几 几 月 月 月 月 肸 肸 肸 肸 肸 臘 臘 臘 臘					
	臘					
師 스승 사	丿 丨 亻 亻 亻 亼 亼 帥 帥 師					
	師					
兄 형 형	丨 冂 口 尸 兄					
	兄					
師 스승 사	丿 丨 亻 亻 亻 亼 亼 帥 帥 師					
	師					
弟 아우 제	丶 丷 兰 兰 弟 弟 弟					
	弟					

두 글자

- 善友(선우) 부처님의 정도(正道)를 가르쳐 보여 좋은 이익을 얻게 하는 스승이나 친구.
- 受戒(수계) 계를 받음. 출가자로서의 자격을 취득하는 것.
- 十戒(십계) 사미·사미니를 규제하는 열 가지 계.

善 착할 선	` ´´ ¥ 并 ¥ ¥ ¥ ¥ 善 善 善				
	善				
友 벗 우	一 ナ 方 友				
	友				
受 받을 수	´ ´ ´´ ´´ ´´´ 受 受 受				
	受				
戒 경계할 계	一 二 F 开 死 戒 戒				
	戒				
十 열 십	一 十				
	十				
戒 경계할 계	一 二 F 开 死 戒 戒				
	戒				

두 글자

- **威儀(위의)** 규율에 맞는 몸가짐, 훌륭한 행위와 몸가짐.
- **習儀(습의)** 위의, 의식을 미리 익히는 일.
- **袈裟(가사)** 스님들이 입는 법의(法衣).

威 위엄 위	丿 厂 厂 戸 戌 戌 威 威 威 威				
	威				
儀 거동 의	丿 亻 亻 亻 俨 俨 伴 伴 佯 佯 儀 儀 儀				
	儀				
習 익힐 습	フ ヲ 키 키 키 키 키 習 習 習				
	習				
儀 거동 의	丿 亻 亻 亻 俨 俨 伴 伴 佯 佯 儀 儀 儀				
	儀				
袈 가사 가	フ カ 加 加 加 加 袈 袈 袈 袈 袈				
	袈				
裟 가사 사	丶 丶 氵 氵 沙 沙 沙 裟 裟 裟 裟 裟				
	裟				

두 글자

- **長衫(장삼)** 한국 · 중국 · 일본에서 가사 속에 입는 법의.
- **叉手(차수)** 왼 손 등을 오른 손 바닥으로 덮어 마주 쥠.
- **合掌(합장)** 불교식 인사, 두 손을 마주 대고, 가슴 앞에 세우고 고개를 숙이는 예법.

長 길 장	丨 厂 丆 厅 乕 턅 長 長 長				
	長				
衫 적삼 삼	ᐟ ㄱ ㄱ ᅔ ㅊ 衤 衫 衫				
	衫				
叉 갈래 차	ㄱ 又 叉				
	叉				
手 손 수	ᐟ 二 三 手				
	手				
合 합할 합	ノ 人 스 今 合 合				
	合				
掌 손바닥 장	ᐟ ᐟ 业 ᄽ 半 学 尚 兴 ᄂ 堂 掌				
	掌				

두 글자

- 道場(도량) 불교 의식을 행하는 청정한 장소를 통칭. 한자음 도장을 도량으로 읽는다.
- 講院(강원) 경의 가르침을 배우는 곳, 경론(經論)을 간경(看經)하고 학습하는 곳.
- 叢林(총림) 여러 승려들이 화합하여 함께 배우며 안거하는 곳.

道 이치 도	丶 丷 艹 艹 产 首 首 首 首 首 渞 道 道				
	道				

場 마당 장(량)	一 十 土 圵 圵 圬 圬 坦 坦 場 場 場				
	場				

講 외울 강	一 亠 亖 言 言 訁 訁 訂 計 誹 誹 誹 講 講 講				
	講				

院 집 원	一 了 阝 阝 阝 阽 阼 陀 陀 院				
	院				

叢 모일 총	丷 业 业 业 丵 丵 丵 丵 丵 丵 丵 丵 叢 叢				
	叢				

林 수풀 림	一 十 才 木 朼 朴 材 林				
	林				

두 글자

- 禪院(선원) 선종의 사원, 선을 닦아 선승을 배출하는 전문 사원.
- 參禪(참선) 선을 참구함, 존경하는 선지식을 찾아가 선을 참학(參學)하는 것.
- 修行(수행) 깨닫기 위해 부처님의 가르침을 실천하고 행함. 불도(佛道)에 힘쓰는 것.

禪 선 선	` ｀ ｀ ｀ ｉ ｊ ﾞ ﾞ ﾞ ﾞ ﾞ ﾞ ﾞ ﾞ 禪`
禪	
院 집 원	` ｀ ｀ ｐ ｐ ｐ ｐ ｐ 陊 陊 院`
院	
參 참여할 참	` ｀ ｀ ｀ ｀ ｀ ｀ ｀ 參 參`
參	
禪 선 선	` ｀ ｀ ｀ ｉ ｊ ﾞ ﾞ ﾞ ﾞ ﾞ ﾞ ﾞ ﾞ 禪`
禪	
修 닦을 수	` ` 亻 亻 亻 修 修 修 修`
修	
行 다닐 행	` ｀ 彳 彳 行 行`
行	

두 글자

- **安居(안거)** 우기에 외출을 금지하고 한곳에 정착하여 좌선과 학습에 매진하는 것.
- **結制(결제)** 안거의 시작. 하안거 음력 4월 15일, 동안거 음력 10월 15일.
- **解制(해제)** 안거의 끝마침. 하안거 음력 7월 15일, 동안거 음력 1월 15일.

安 편안할 안	' ' ' 宀 宀 安 安 安				
	安				
居 살 거	ㄱ ㄱ 尸 尸 尸 尸 居 居				
	居				
結 맺을 결	' ㄠ ㄠ 幺 糸 糸 紀 紝 結 結 結				
	結				
制 절제할 제	' ㅑ ㅌ 匕 与 制 制 制				
	制				
解 풀 해	' ' ' 角 角 角 角 解 解 解 解 解				
	解				
制 절제할 제	' ㅑ ㅌ 匕 与 制 制 制				
	制				

두 글자

- 話頭(화두) 조사들이 참선 수행의 완성을 도모하기 위해서 정립해 놓은 핵심적인 법문.
- 印可(인가) 스승이 제자의 득법(得法), 또는 설법 등을 증명하고 인가함.
- 鉢盂(발우) 스님들이 사용하는 밥그릇.

話 말씀 화	話	` 一 三 言 言 言 訂 訂 訐 訐 話 話
頭 머리 두	頭	一 厂 市 厄 豆 豆 豆 頭 頭 頭 頭 頭 頭 頭
印 도장 인	印	´ 厂 斤 币 印 印
可 옳을 가	可	一 厂 厅 页 可
鉢 바리때 발	鉢	ノ 人 人 仝 牟 金 金 金 針 針 鉢 鉢
盂 사발 우	盂	一 二 于 于 盂 盂 盂 盂

두 글자

- **懺悔(참회)** 스스로 죄과를 불보살께 고백하고 뉘우치는 일.
- **布薩(포살)** 안거 동안의 생활을 반성하고 참회하는 것, 선을 기르고 악을 없애는 의식.
- **結界(결계)** 계율의 호지를 위해 일정한 구획을 정하여 대중의 활동을 제한하는 것.

懺													
뉘우칠 참	懺												

悔													
뉘우칠 회	悔												

布													
펼 포	布												

薩													
보살 살	薩												

結													
맺을 결	結												

界													
지경 계	界												

두 글자

- 宗祖(종조) 한 종파를 세운 조사(祖師).
- 宗旨(종지) 한 경전에서 말하여 나타내는 뜻 또는 하나의 종파가 내세우는 취지.
- 宗正(종정) 각 종단에서 정신적인 지도자로 받들어 모시는 스님.

宗 마루 종	' ' ' 宀 宀 宀 宀 宗 宗				
	宗				
祖 조상 조	' ' ' 礻 礻 礻 礻 祖 祖 祖				
	祖				
宗 마루 종	' ' ' 宀 宀 宀 宀 宗 宗				
	宗				
旨 뜻 지	' ' ' 匕 匕 旨 旨 旨				
	旨				
宗 마루 종	' ' ' 宀 宀 宀 宀 宗 宗				
	宗				
正 바를 정	' 丁 丁 正 正				
	正				

두 글자

- **方丈(방장)** 총림(叢林)의 최고 어른을 일컫는 말.
- **住持(주지)** 사찰의 주권자(主權者). 부처님의 가르침을 잘 간직하여 잃어버리지 않는다는 뜻.
- **都監(도감)** 사찰에서 모든 절일을 감독하는 직명. 한 절의 총감독 격이다.

方 모 방	丶 亠 亍 方 方				
丈 어른 장	一 ナ 丈 丈				
住 살 주	丿 亻 亻 仁 仁 住 住 住				
持 가질 지	一 十 扌 扌 扩 扩 拌 持 持 持				
都 도읍 도	一 十 土 耂 耂 者 者 者 者 者 都 都 都				
監 볼 감	一 丆 互 至 至 臣 臣 卧 竪 竪 竪 監 監 監				

두 글자

- **院主(원주)** 우리나라에서 사찰의 살림살이를 맡은 소임.
- **別座(별좌)** 스님들께 공양할 반찬과 음식을 만드는 소임.
- **副殿(부전)** 불당을 맡아 시봉하는 소임.

院 집 원	´ ㅋ ㅑ ㅑ ㅑ ㅑ ㄸ 阼 阾 院			
	院			

主 주인 주	` ㆍ ㆍ 主 主			
	主			

別 나눌 별	ㅣ ㅁ ㅁ ㄷ 另 別 別			
	別			

座 자리 좌	` ㆍ 广 广 庀 庀 庀 座 座 座			
	座			

副 버금 부	ㆍ ㆍ 百 百 ㄹ 昌 昌 畐 畐 副 副			
	副			

殿 전각 전	ㆍ ㆍ ㆍ ㄹ 尸 尸 屏 屏 屏 屏 屏 殿 殿			
	殿			

두 글자

- **侍者(시자)** 장로(長老) 등 어른 스님을 곁에서 친히 모시면서 그 시중을 드는 소임.
- **知客(지객)** 또는 전객(典客), 지빈(知賓)이라고도 하며, 사찰에서 손님의 접대와 응답을 맡는 소임.
- **菜供(채공)** 채두(菜頭)와 같으며 반찬 등 부식물에 쓰이는 채소를 맡은 소임.

侍 모실 시	ノ 亻 亻 伫 件 侍 侍 侍					
者 놈 자	一 十 土 耂 耂 者 者 者 者					
知 알 지	ノ 亠 仁 午 矢 知 知 知 知					
客 손 객	' 宀 宀 宀 宓 灾 客 客 客					
菜 나물 채	一 十 圥 艹 艹 芏 萝 芝 菜 菜 菜 菜					
供 이바지할 공	ノ 亻 亻 什 件 供 供 供 供					

세 글자

- 三歸依(삼귀의) 불법승(佛法僧) 삼보(三寶)에 돌아가 의지함.
- 三法印(삼법인) 불교의 진리를 세 가지로 제시.
  제행무상(諸行無常), 제법무아(諸法無我), 열반적정(涅槃寂靜).

三 석 삼	一 二 三							
	三							
歸 돌아갈 귀	´ ⺊ ⺊ ⺊ 阜 阜 阜 阜 阜 阜 歸 歸 歸 歸 歸								
	歸							
依 의지할 의	亻 亻 亻 亻 休 依 依							
	依							
三 석 삼	一 二 三							
	三							
法 법 법	丶 丶 氵 氵 汁 沽 法 法							
	法							
印 도장 인	´ ⺃ ⺉ 臼 印 印							
	印							

세 글자

- **四聖諦(사성제)** 네 가지의 성스러운 진리, 사제(四諦), 고집멸도(苦集滅道).
- **八正道(팔정도)** 고의 소멸에 이르는 여덟 가지 바른 수행법.
  정견(正見), 정사유(正思惟), 정어(正語), 정업(正業), 정명(正命),
  정정진(正精進), 정념(正念), 정정(正定)

四 넉 사	丨 冂 冂 四 四				
	四				
聖 성인 성	一 丁 耳 耳 耵 耶 耶 耵 聖 聖 聖				
	聖				
諦 진리 제	一 二 言 言 言 計 計 計 計 訣 諦 諦 諦 諦 諦				
	諦				
八 여덟 팔	丿 八				
	八				
正 바를 정	一 丁 下 正 正				
	正				
道 이치 도	丶 丷 芏 芏 广 首 首 首 首 首 道 道 道				
	道				

세 글자

- **聞思修(문사수)** 가르침을 듣고 얻은 지혜, 이치를 생각하여 얻은 지혜, 수행으로 얻은 지혜
- **波羅蜜(바라밀)** 깨달음의 언덕 피안에 도달한다는 뜻. 파라밀을 바라밀로 읽는다.

聞 들을 문	｜ ｜ ｢ ｢ ｢ 門 門 門 門 門 門 間 聞 聞 聞				
思 생각 사	｜ 冂 日 日 田 田 思 思 思 思				
修 닦을 수	｜ 亻 亻 亻 攸 攸 修 修 修 修				
波 물결 파(바)	﹅ ﹅ ﹅ 氵 氵 沪 沪 波 波 波				
羅 벌일 라(나)	｜ 冂 罒 罒 罒 罒 罗 罗 罗 羅 羅 羅 羅 羅 羅 羅 羅 羅 羅 羅				
蜜 꿀 밀	﹅ 宀 宀 宀 少 宓 宓 宓 蜜 蜜 蜜 蜜 蜜 蜜 蜜				

세 글자

- **體相用**(체상용) 본체와 현상과 작용, 기신론(起信論)에서 설한 3대(三大)인 체대 · 상대 · 용대.
- **三身佛**(삼신불) 법신불(法身佛), 보신불(報身佛), 화신불(化身佛) · 응신불(應身佛).

體 몸 체	體							
相 서로 상	相							
用 쓸 용	用							
三 석 삼	三							
身 몸 신	身							
佛 부처 불	佛							

세 글자

- 四天王(사천왕) 수미산 중턱에 있으면서 도리천의 제석천왕을 섬기며 불법을 수호한다.
- 須彌山(수미산) 고대 인도 우주관에서 세계의 중심에 있는 산, 남섬부주에 인간이 살고 있다.

四 넉 사	丨 冂 冂 四 四						
	四						
天 하늘 천	一 二 于 天						
	天						
王 임금 왕	一 二 干 王						
	王						
須 모름지기 수	丶 彡 彡 彡 彡 彡 須 須 須 須 須 須						
	須						
彌 미륵 미	一 弓 弓 弓 弔 弔 弭 弭 彌 彌 彌 彌 彌 彌 彌						
	彌						
山 뫼 산	丨 山 山						
	山						

세 글자

- 具足戒(구족계) 비구, 비구니가 받아 지켜야 하는 계법으로 비구 250계, 비구니 348계.
- 阿闍梨(아사리) 제자를 가르치고 지도할 자격이 있는 승려.

具 갖출 구	丨 冂 冂 月 目 且 具 具					
	具					
足 발 족	丨 冂 口 몓 몓 뮨 足					
	足					
戒 경계할 계	一 二 天 开 戒 戒 戒					
	戒					
阿 언덕 아	ﾞ 乃 阝 阝 阝 阿 阿 阿					
	阿					
闍 망루 도(사)	丨 ﾞ 冂 闩 门 門 門 門 門 閈 閈 閈 闍 闍					
	闍					
梨 배나무 리(이)	一 二 千 禾 禾 利 利 利 梨 梨					
	梨					

세 글자

- **上講禮(상강례)** 경전 등 강의를 시작하기 전에 올리는 예. 끝날 때는 회향게를 한다.
- **五分香(오분향)** 오분법신을 향에 비유한 말.
  계·정·혜·해탈·해탈지견(戒·定·慧·解脫·解脫知見)향(香).

上 윗 상	ㅣ ㅏ 上
	上

講 외울 강	ˋ ㆍ ㅋ ㅋ ㅋ ㅋ ㅋ ㅕ 計 計 計 講 講 講 講 講
	講

禮 예도 예(례)	ˋ ㆍ ㅜ ㅜ ㅜ ㅜ ㅜ ㅜ 禮 禮 禮 禮 禮 禮 禮 禮
	禮

五 다섯 오	一 丁 五 五
	五

分 나눌 분	ノ 八 分 分
	分

香 향기 향	一 二 千 禾 禾 禾 香 香 香
	香

세 글자

- 祝願文(축원문) 불보살께 축원하는 뜻을 적은 글.
- 常住物(상주물) 절에 속하는 토지와 기물(器物) 따위의 재산을 통틀어 이르는 말.

| 祝
빌 축 | ` 亠 亍 亓 亓 礻 礽 礽 祀 祝 ` | | | | | | |
| | 祝 | | | | | | |

| 願
원할 원 | ` 一 厂 厂 厂 厏 厏 原 原 原 原 原 願 願 願 願 願 願 ` | | | | | | |
| | 願 | | | | | | |

| 文
글월 문 | ` ` 亠 亣 文 | | | | | | |
| | 文 | | | | | | |

| 常
항상 상 | ` ` ` ` 씨 씨 씨 씨 常 常 常 常 ` | | | | | | |
| | 常 | | | | | | |

| 住
살 주 | ` 亻 亻 亻 仁 住 住 ` | | | | | | |
| | 住 | | | | | | |

| 物
물건 물 | ` ` 亠 亠 牛 牛 牛 物 物 物 ` | | | | | | |
| | 物 | | | | | | |

세 글자

- 布教師(포교사) 불교 교리를 전하는 불교신자.
- 優婆塞(우바새) 재가의 남자 신도, 여자 신도는 우바이(優婆夷).

布 펼 포	ノ ナ 才 右 布			
	布			
敎 가르칠 교	ノ × ⺈ 产 孝 孝 孝 敎 敎 敎 敎			
	敎			
師 스승 사	′ ⺊ ⺁ ⺁ ⼛ 自 自 師 師 師			
	師			
優 넉넉할 우	ノ 亻 亻 广 广 俨 俨 俨 俨 便 優 優 優 優 優			
	優			
婆 범어음역 바	` ` ⺡ ⺢ 汀 沪 波 波 波 婆			
	婆			
塞 변방 새	′ ⺌ ⼧ 空 宀 宲 宲 宲 寒 塞 塞 塞			
	塞			

세 글자

- **三淨肉(삼정육)** 병든 비구가 약으로 먹을 수 있는 육식의 조건 세 가지.
  불견(不見),불문(不聞), 불의(不疑).
- **看話禪(간화선)** 화두(話頭)를 본다는 뜻으로 화두 · 공안을 근거로 공부하는 참선법이다.

三 석 삼	一 二 三 三				
淨 깨끗할 정	` 冫 冫 冫 冫 冫 浐 浐 浄 淨 淨				
肉 고기 육	丨 冂 冈 内 肉 肉 肉				
看 볼 간	一 二 三 手 手 看 看 看 看 看				
話 말씀 화	一 二 三 言 言 言 言 訂 訐 詁 話 話 話				
禪 선 선	一 二 亍 礻 礻 礻 礻 禈 禈 禅 禈 禪 禪 禮 禪 禪				

세 글자

- 無門關(무문관) 무문 혜개(慧開)가 48칙의 공안을 해설한 불서.
- 不淨觀(부정관) 몸이 깨끗하지 못함을 관하는 수행.

無 없을 무	ノ ┌ ┌ ┌ ┌ ┌ ┌ ┌ ┌ ┌ ┌ ┌
	無

門 문 문	｜ ｜ ｜ ｜ ｜ ｜ ｜ 門 門
	門

關 관계할 관	｜ ｜ ｜ ｜ ｜ ｜ 門 門 門 門 門 門 關 關 關 關 關 關 關
	關

不 아니 불(부)	ㄱ ㄱ ㄱ 不
	不

淨 깨끗할 정	｀ ｀ ｀ ｀ ｀ ｀ ｀ 淨 淨 淨 淨
	淨

觀 볼 관	ˊ ┼ ┼ ┼ ┼ ┼ ┼ ┼ 苗 苗 苗 苜 萑 萑 萑 萑 觀 觀 觀 觀 觀 觀
	觀

세 글자

- 茶飯事(다반사) 차를 마시고 밥 먹는 일상사가 곧 선(禪).
- 獅子吼(사자후) 진리와 정의를 당당히 설파하거나, 크게 열변을 토하는 것을 비유하는 말.

茶 차 다	一 十 亠 艹 艹 艾 芡 苳 苳 茶 茶 茶			
飯 밥 반	´ ⺈ ⼃ 今 今 刍 刍 刍 刍 刍 飣 飣 飯 飯 飯			
事 일 사	一 ㄱ ⼍ 一 ヨ 写 写 写 事 事			
獅 사자 사	´ ⼃ 犭 犭 犭 犳 犲 犲 犲 狾 狾 獅 獅 獅			
子 아들 자	⼂ 了 子 子			
吼 울부짖을 후	丨 冂 口 叮 叮 吼 吼 吼			

세 글자

- 如意珠(여의주) 뜻과 같이 이루어지게 해주는 구슬.
- 尋牛圖(심우도) 마음을 소에 비유하여 소를 찾는 과정을 수행으로 비유한 그림, 십우도(十牛圖).

如 같을 여	乙 乜 女 如 如 如						
	如						
意 뜻 의	亠 亠 产 产 产 音 音 音 音 意 意 意						
	意						
珠 구슬 주	一 二 三 干 王 王 珒 珒 珘 珠 珠						
	珠						
尋 찾을 심	彐 彐 尹 尹 尹 尹 尹 尹 尹 尋 尋						
	尋						
牛 소 우	丿 仁 仁 牛						
	牛						
圖 그림 도	丨 冂 冂 冃 冃 冃 冐 冐 圕 圖 圖 圖 圖 圖						
	圖						

세 글자

- 大雄殿(대웅전) 석가모니 부처님을 주불로 모신 불전, 대웅보전(大雄寶殿)이라고도 한다.
- 觀音殿(관음전) 관음보살(觀音菩薩)을 주불로 봉안한 전각, 원통전(圓通殿).

大 클 대	一 ナ 大										
	大										
雄 수컷 웅	一 ナ 太 太 太 太 太 太 太 雄 雄 雄										
	雄										
殿 전각 전	一 フ ア ア 尸 尸 屏 屏 屏 殿 殿 殿										
	殿										
觀 볼 관	一 十 十 廿 廿 廿 廿 廿 苜 苜 荈 荈 荈 蓶 萑 雚 雚 觀 觀 觀 觀 觀 觀										
	觀										
音 소리 음	丶 亠 立 立 音 音 音 音 音										
	音										
殿 전각 전	一 フ ア 尸 尸 屏 屏 屏 屏 屏 殿 殿										
	殿										

세 글자

- **冥府殿**(명부전) 염라대왕 등 십왕을 봉안, 지장전(地藏殿).
- **彌勒殿**(미륵전) 미륵불(彌勒佛)이나 미륵보살을 주불로 봉안한 전각, 용화전(龍華殿).

冥 어두울 명	冖 冖 冖 冖 冝 冝 冝 冝 冥 冥 冥				
府 마을 부	广 广 广 广 庁 庁 府 府 府				
殿 전각 전	尸 尸 尸 尸 屍 屍 屍 屍 屍 殿 殿 殿				
彌 미륵 미	弓 弓 弓 弓 弥 弥 弥 彌 彌 彌 彌 彌 彌 彌 彌 彌				
勒 굴레 륵(늑)	十 卄 廿 廿 苫 苫 苫 革 靲 勒 勒				
殿 전각 전	尸 尸 尸 尸 屍 屍 屍 屍 屍 殿 殿 殿				

세 글자

- 三聖閣(삼성각) 산신(山神), 칠성(七星), 독성(獨聖)을 모신 전각.
- 藏經閣(장경각) 불교 · 유교 경전의 책이나 목판을 보관해 두는 곳.

三 석 삼	一 二 三					
	三					
聖 성인 성	一 丌 丌 丌 耳 耳 耶 耶 耶 聖 聖 聖					
	聖					
閣 집 각	丨 丆 丆 門 門 門 門 門 門 閁 閇 閤 閣 閣					
	閣					
藏 감출 장	一 十 艹 节 疒 产 莎 莎 莎 莎 薜 莁 蔵 蔵 藏 藏 藏					
	藏					
經 글 경	幺 幺 幺 乡 糸 糸 紅 紅 經 經 經 經 經					
	經					
閣 집 각	丨 丆 丆 門 門 門 門 門 門 閁 閇 閤 閣 閣					
	閣					

세 글자

- 一柱門(일주문) 진리는 하나라는 뜻으로 사찰로 들어가는 첫 번째 문.
- 金剛門(금강문) 불교를 수호하는 금강역사(金剛力士)를 봉안한 문, 일주문 뒤에 세운다.

一 한 일	一 一				
柱 기둥 주	一 十 十 木 木 柞 柞 柱 柱 柱				
門 문 문	丨 丨 丨 丨 丨 門 門 門 門				
金 쇠 금	ノ 人 스 스 수 숲 金 金 金				
剛 굳셀 강	丨 冂 冂 門 門 門 岡 岡 剛 剛 剛				
門 문 문	丨 丨 丨 丨 丨 門 門 門 門				

세 글자

- 天王門(천왕문) 사왕천의 호법선신을 봉안한 문, 사천왕문이라고도 한다.
- 不二門(불이문) 진리는 하나임을 의미. 사찰의 여러 문 가운데 본전에 들어가는 마지막 문이다.

天 하늘 천	一 二 于 天 天				
王 임금 왕	一 二 干 王 王				
門 문 문	丨 冂 冂 冃 冐 門 門 門 門				
不 아니 불	一 丆 不 不 不				
二 두 이	一 二 二				
門 문 문	丨 冂 冂 冃 冐 門 門 門 門				

세 글자

- **神衆壇(신중단)** 불교를 수호하는 신중 호법선신(護法善神)을 모신 단.
- **竈王壇(조왕단)** 민간신앙의 부엌 신을 불교에 수용, 불법을 수호하는 호법선신.

神 귀신 신	一 丁 干 禾 禾 禾 和 神 神 神						
	神						
衆 무리 중	一 广 户 户 血 血 卑 卑 罘 罘 衆						
	衆						
壇 단 단	一 十 扌 圹 圹 圹 垆 垆 垆 垆 壇 壇 壇 壇 壇						
	壇						
竈 부엌 조	一 宀 宀 宀 宀 宀 宰 窜 窜 窜 宰 竈 竈 竈 竈 竈 竈 竈						
	竈						
王 임금 왕	一 二 干 王						
	王						
壇 단 단	一 十 扌 圹 圹 圹 垆 垆 垆 垆 壇 壇 壇 壇						
	壇						

세 글자

- **華嚴經(화엄경)** 『대방광불화엄경(大方廣佛華嚴經)』의 약칭.
- **阿含經(아함경)** 원시불교 경전의 통칭, 사아함. 팔리본 니카야.

華 빛날 화	一 十 十 艹 ザ 芏 苹 苹 莘 莘 菙 華 華				
	華				

嚴 엄할 엄	` 口 口 叩 叩 叩 罒 罒 罒 罔 罔 罕 罕 罱 罵 罷 罸 嚴						
	嚴						

經 글 경	` ㅿ ㅿ �幺 ㅡ 糸 糸 紅 紅 經 經 經 經				
	經				

阿 언덕 아	` ㅏ ㅏ ㅏ ㅏ 阿 阿 阿 阿				
	阿				

含 머금을 함	ノ 人 人 今 今 令 含 含				
	含				

經 글 경	` ㅿ ㅿ ㅡ 糸 糸 糸 紅 紅 經 經 經 經				
	經				

세 글자

- 金剛經(금강경) 『금강반야바라밀경(金剛般若波羅密經)』의 약칭. 조계종 소의경전.
- 法華經(법화경) 『묘법연화경(妙法蓮華經)』의 약칭. 제25품이 「관세음보살보문품」

金 쇠 금	ノ 𠆢 𠆢 𠆢 全 全 金 金				
	金				

剛 굳셀 강	丨 冂 冂 冈 冈 罔 罔 岡 剛 剛				
	剛				

經 글 경	𡿨 𡿨 𡿨 糸 糸 糸 紅 紹 經 經 經 經 經				
	經				

法 법 법	丶 丶 氵 氵 汁 汢 法 法				
	法				

華 빛날 화	一 艹 艿 芒 芑 苎 苹 莁 華 華 華				
	華				

經 글 경	𡿨 𡿨 𡿨 糸 糸 糸 紅 紹 經 經 經 經 經				
	經				

세 글자

- **千手經(천수경)** 관음보살의 서원과 위신력을 설한 경.
- **大悲呪(대비주)** 천수경에 나오는 신묘장구대다라니(神妙章句大陀羅尼)를 말한다.

千 일천 천	一 二 千					
	千					
手 손 수	一 二 三 手					
	手					
經 글 경	𠃋 幺 幺 糸 糸 糸 紅 絚 絚 經 經 經 經					
	經					
大 클 대	一 ナ 大					
	大					
悲 슬플 비	丿 ㇆ ㇆ ㇆ 非 非 非 非 非 悲 悲 悲					
	悲					
呪 빌 주	丨 口 口 口 口 口 呎 呪					
	呪					

세 글자

• **四分律(사분율)** 부파 법장부의 율장, 후대 율장의 저본으로 가장 기본이 되는 율.

四 넉 사	丨 冂 冂 四 四					
	四					

分 나눌 분	丿 八 今 分					
	分					

律 법칙 율(률)	丿 彳 彳 彳 彳 彳 律 律 律					
	律					

네 글자

- 八相成道(팔상성도) 석가모니 부처님의 생애를 여덟 가지로 나눈 것.
- 兜率來儀(도솔래의) 도솔천에서 이 세상에 내려오는 모습.

八 여덟 팔	ノ 八 八				
相 모양 상	一 十 才 木 相 相 相 相 相 相				
成 이룰 성	ノ 厂 厂 厅 成 成 成				
道 이치 도	丶 丷 艹 羊 首 首 首 首 首 渞 道 道 道				
兜 도솔천 도	丿 竹 白 白 白 白 白 白 帥 兜 兜				
率 거느릴 솔	丶 亠 玄 玄 玄 玄 玄 玄 率 率 率				
來 올 래	一 厂 厂 丣 來 來 來 來				
儀 거동 의	ノ 亻 亻 亻 广 严 产 佯 佯 佯 佯 儀 儀 儀				

네 글자

- 毗藍降生(비람강생) 비람은 룸비니, 룸비니 동산에서 탄생하는 모습.
- 四門遊觀(사문유관) 네 문으로 나아가 세상을 관찰하는 모습.

毗 도울 비	｜ 冂 冃 冃 冊 毗 毗 毗 毗 毗				
藍 쪽 람(남)	一 艹 艹 艹 莊 莊 莊 莊 藍 藍 藍 藍 藍 藍 藍 藍 藍				
降 내릴 강	ﻨ ﻨ ﻨ 阝 阝 阝 降 降 降 降 降				
生 날 생	ﻨ 仁 仁 牛 生 生				
四 넉 사	｜ 冂 冂 四 四 四				
門 문 문	｜ 冂 冂 冃 門 門 門 門 門				
遊 놀 유	ﻨ ﻨ 亍 方 扩 扩 扩 扩 方 放 游 游 游 遊 遊				
觀 볼 관	一 艹 艹 艹 莊 莊 莊 莊 莊 莊 莊 莊 莊 莊 觀 觀 觀 觀 觀 觀 觀 觀 觀				

네 글자

- 逾城出家(유성출가) 성을 넘어 출가하는 모습.
- 雪山修道(설산수도) 설산에서 수도하는 모습.

逾 넘을 유	ノ ス ス 介 介 介 育 育 俞 俞 逾 逾 逾 逾				
城 성 성	一 十 土 圹 圹 圹 圬 城 城 城				
出 날 출	丨 屮 屮 出 出 出				
家 집 가	丶 宀 宀 宀 宀 宇 宇 家 家 家 家				
雪 눈 설	一 厂 戶 币 币 币 雨 雨 雪 雪 雪 雪				
山 뫼 산	丨 屮 山 山				
修 닦을 수	ノ 亻 亻 亻 伩 伩 修 修 修 修 修				
道 이치 도	丶 丷 丷 兰 产 产 首 首 首 首 首 道 道 道				

네 글자

- 樹下降魔(수하항마) 보리수 아래에서 마구니의 항복을 받는 모습.
- 鹿苑轉法(녹원전법) 녹야원에서 처음 설법하는 초전법륜(初轉法輪)의 모습.

樹 나무 수	一 十 才 才 才 朴 朴 桔 桔 椅 椅 椅 樹 樹 樹
	樹

下 아래 하	一 丁 下
	下

降 항복할 항	' ' ß ß' ß' ß夅 降 降 降 降
	降

魔 마귀 마	' 一 广 广 广 广 广 府 府 府 庵 麼 麼 麼 魔
	魔

鹿 사슴 녹(록)	' 一 广 户 户 声 声 声 鹿 鹿 鹿
	雪

苑 나라 동산 원	一 十 十 艹 ヴ 苅 茆 苑 苑
	苑

轉 구를 전	一 厂 門 百 百 亘 車 車 軒 軒 軒 軒 軒 轉 轉 轉 轉 轉
	轉

法 법법	` ` 氵 氵 汁 汁 法 法
	法

네 글자

- **雙林涅槃(쌍림열반)** 사라쌍수 아래에서 반열반에 드시는 모습.
- **唯我獨尊(유아독존)** 나보다 존귀한 존재가 없다는 뜻으로 존재의 존엄성을 말씀한 것이다.

雙 쌍 쌍	′ ′ ′ ′ ′ ′ ′ ′ ′ ′ ′ ′ ′ ′ ′ ′ ′ ′ 雙 雙
	雙

林 수풀 림	一 十 才 木 木 杧 材 林
	林

涅 열반 열	` ` ` ` 氵 沪 沪 汨 涅 涅 涅
	涅

槃 열반 반	′ ′ 力 力 力 舟 舟 舟 般 般 般 槃 槃
	槃

唯 오직 유	丨 丨 口 口 吖 吖 吖 咋 咋 唯 唯
	唯

我 나 아	′ ′ 千 手 我 我 我
	我

獨 홀로 독	′ ′ ′ ′ 犭 犭 犭 犸 狎 狎 獨 獨 獨 獨 獨
	獨

尊 높을 존	′ ′ 八 八 ゲ 仹 侕 侕 酋 酋 尊 尊
	尊

네 글자

- 應無所住(응무소주) 응당 머무는 바 없이,
- 而生其心(이생기심) 그 마음을 내라. 『금강경』

應 응할 응	`一 亠 广 广 疒 疒 庐 庐 庐 庐 庐 庐 雁 雁 應 應 應`				
	應				
無 없을 무	`ノ ノ ケ ケ 午 午 無 無 無 無 無 無 無`				
	無				
所 바 소	`一 一 三 三 戸 戸 所 所 所`				
	所				
住 살 주	`ノ イ イ 广 住 住 住`				
	住				
而 말이을 이	`一 一 广 而 而 而`				
	而				
生 날 생	`ノ ケ ケ 生 生`				
	生				
其 그 기	`一 十 卄 甘 甘 甘 其 其 其`				
	其				
心 마음 심	`丶 心 心 心`				
	心				

네 글자

- **諸惡莫作**(제악막작) 모든 악을 짓지 말고,
- **衆善奉行**(중선봉행) 모든 선을 받들어 행하며,

諸 모두 제	一 亠 亠 亖 言 言 言 計 許 許 諸 諸 諸 諸 諸 諸		
惡 악할 악	一 一 一 币 币 币 亞 亞 惡 惡 惡 惡		
莫 없을 막	一 十 廾 莒 莒 苩 苩 苜 莫 莫 莫		
作 지을 작	丿 亻 亻 亻 乍 作 作 作		
衆 무리 중	丿 亇 宀 宀 血 血 卑 卑 身 身 衆 衆		
善 착할 선	丶 丷 苂 芢 芏 羊 差 羞 羞 善 善 善		
奉 받들 봉	一 二 三 耒 夫 去 幸 奉 奉		
行 다닐 행	丿 彳 彳 彳 行 行 行		

네 글자

- 自淨其意(자정기의) 그 뜻을 깨끗이 하라.
- 是諸佛敎(시제불교) 이것이 모든 부처님의 가르침이다. 「칠불통계게(七佛通戒偈)」

| 自 스스로 자 | ′ ′ ′ ′ 自 自 自 |
| | 自 |

| 淨 깨끗할 정 | ′ ′ ′ ′ ′ ′ ′ ′ 淨 淨 淨 |
| | 淨 |

| 其 그 기 | 一 十 卄 卄 甘 其 其 其 |
| | 其 |

| 意 뜻 의 | ′ ′ ′ ′ ′ ′ 音 音 音 意 意 意 |
| | 意 |

| 是 옳을 시 | 丨 冂 冃 日 旦 早 昰 是 是 |
| | 是 |

| 諸 모두 제 | ′ ′ ′ ′ ′ ′ ′ 言 計 計 諸 諸 諸 諸 諸 諸 |
| | 諸 |

| 佛 부처 불 | ′ ′ ′ ′ ′ 佛 佛 |
| | 佛 |

| 敎 가르칠 교 | ′ ′ ′ ′ ′ ′ ′ ′ 敎 敎 |
| | 敎 |

네 글자

- 愛別離苦(애별리고) 사랑하는 사람과 헤어지는 고.
- 怨憎會苦(원증회고) 미워하는 사람과 만나는 고.

愛 사랑 애	一　二　产　疒　爫　爫　严　恶　恶　悉　愛　愛　愛			
	愛			
別 나눌 별	丨　冂　口　马　另　別　別			
	別			
離 떠날 리(이)	亠　亠　亠　文　卥　卤　岗　离　离　离　离　离　离'　离'　离'　離　離　離			
	離			
苦 괴로울 고	一　十　卄　艹　芢　苧　芐　苦　苦			
	苦			
怨 원망할 원	丿　夕　夕　夘　夗　夗'　怨　怨　怨			
	怨			
憎 미울 증	丶　丶　忄　忄'　忄'　忄'　忄'　忄''　忄''　忄''　忄''　憎　憎　憎			
	憎			
會 모일 회	丿　人　人　仐　合　命　命　命　盒　盒　會　會　會			
	會			
苦 괴로울 고	一　十　卄　艹　芢　苧　芐　苦　苦			
	苦			

네 글자

- 求不得苦(구불득고) 구하지만 얻지 못하는 고.
- 五陰盛苦(오음성고) 오음, 오온에 집착하는데서 생기는 고.

求 구할 구	一 十 寸 才 求 求 求	求			
不 아니 불(부)	一 丆 不 不	不			
得 얻을 득	ノ ク イ 彳 彳 彳 得 得 得 得 得	得			
苦 괴로울 고	一 十 ナ 艹 芢 芢 芢 苦 苦	苦			
五 다섯 오	一 丆 五 五	五			
陰 그늘 음	ノ ㇇ 阝 阝 阝 阶 险 陰 陰 陰	陰			
盛 성할 성	ノ 厂 厂 万 成 成 成 成 咸 盛 盛 盛	盛			
苦 괴로울 고	一 十 ナ 艹 芢 芢 芢 苦 苦	苦			

네 글자

- 財色之禍(재색지화) 재물과 색의 화는,
- 甚於毒蛇(심어독사) 독사보다도 깊으니,

財 재물 재	丨 冂 冃 貝 貝 貝 貝 貝 財 財											
	財											
色 빛 색	丿 夕 夕 多 名 色											
	色											
之 어조사 지	丶 亠 之 之											
	之											
禍 재앙 화	一 亍 亍 礻 礻 礻 礻 礻 礻 禍 禍 禍											
	禍											
甚 심할 심	一 十 卄 廿 甘 其 其 其 甚											
	甚											
於 어조사 어	丶 亠 方 方 扵 於 於 於											
	於											
毒 독 독	一 二 圭 圭 声 毒 毒 毒 毒											
	毒											
蛇 긴뱀 사	丨 冂 口 虫 虫 虫 虫 虫 虫 蛇 蛇 蛇											
	蛇											

네 글자

- 省己知非(성기지비) 자신을 살펴 잘못을 알아,
- 常須遠離(상수원리) 항상 반드시 멀리 여의어라. 「계초심학인문(誡初心學人文)」

省 살필 성	⌐ ⌐ ⌐ 小 少 少 省 省 省 省	省					
己 몸 기	⌐ ⌐ 己	己					
知 알 지	⌐ ⌐ ⌐ 矢 矢 知 知 知	知					
非 아닐 비	⌐ ⌐ ⌐ ⌐ ⌐ 非 非 非	非					
常 항상 상	⌐ ⌐ ⌐ ⌐ ⌐ 常 常 常 常 常 常	常					
須 모름지기 수	⌐ ⌐ ⌐ ⌐ ⌐ ⌐ 須 須 須 須 須 須	須					
遠 멀 원	⌐ 十 士 青 吉 吉 声 丧 责 袁 遠 遠 遠	遠					
離 떠날 리(이)	⌐ ⌐ ⌐ 文 卤 卤 离 离 离 离 离 离 离 离 离 離 離 離	離					

네 글자

- **離心中愛(이심중애)** 마음 가운데 애욕을 여읜,
- **是名沙門(시명사문)** 이것을 사문이라 한다.

離 떠날 리(이)	` 一 ナ ㄠ ㄠ 卤 卤 离 离 离 离 离 離 離 離 離 離 離	離						
心 마음 심	` 心 心 心	心						
中 가운데 중	ㅣ 口 口 中	中						
愛 사랑 애	` ㄟ ㅜ ㅠ ㅠ ㅠ ㅠ 悉 悉 悉 愛 愛 愛	愛						
是 옳을 시	ㅣ 口 日 日 早 早 早 昰 是	是						
名 이름 명	ノ ク タ 夕 名 名	名						
沙 모래 사	` ㄟ 氵 氵 沪 沙 沙	沙						
門 문 문	ㅣ ㄏ ㄏ 門 門 門 門 門 門	門						

네 글자

- 不戀世俗(불연세속) 세속을 그리워하지 않는,
- 是名出家(시명출가) 이를 출가라고 한다. 『발심수행장(發心修行章)』

不 아니 불	一 ナ オ 不 不						
戀 그리워할 련(연)	` ㄴ ㄴ ㄴ ㄴ 糸 糸 糸 糸 糸 絲 絲 絲 絲 絲 絲 絲 絲 絲 絲 戀 戀 戀						
世 인간 세	一 十 卅 卅 世 世						
俗 풍속 속	ノ イ イ 俗 俗 俗 俗 俗 俗 俗						
是 옳을 시	丨 ㄇ 曰 曰 旦 早 昙 昰 是 是						
名 이름 명	ノ ク タ タ 名 名 名						
出 날 출	丨 十 屮 出 出 出						
家 집 가	` ` 宀 宀 宇 宇 家 家 家 家 家						

네 글자

- 行智具備(행지구비) 행과 지혜를 구비하는 것은,
- 如車二輪(여거이륜) 수레의 두 바퀴와 같음이요.

行 다닐 행	´ ´ ´ ´ 彳 彳 行 行 行				
智 지혜 지	´ ´ ´ ´ 矢 矢 知 知 知 智 智 智 智				
具 갖출 구	｜ 冂 冂 冃 月 且 具 具 具				
備 갖출 비	´ ´ ´ ´ 俨 俨 併 併 備 備 備 備 備				
如 같을 여	ㄑ ㄑ 女 如 如 如 如				
車 수레 거(차)	一 厂 厂 冇 甬 盲 亘 車 車				
二 두 이	一 二 二				
輪 바퀴 륜	一 厂 厂 冇 甬 盲 亘 車 軒 軒 軨 軨 輪 輪 輪 輪 輪				

네 글자

- 自利利他(자리이타) 자신을 이롭게 하고 타인을 이롭게 하는 것은,
- 如鳥兩翼(여조양익) 새의 두 날개와 같음이다.『발심수행장(發心修行章)』

自 스스로 자	′ ⼢ ⼧ ⾃ ⾃ ⾃ 自			
利 이로울 리(이)	⼀ ⼆ ⼲ ⽲ ⽲ 利 利 利			
利 이로울 리(이)	⼀ ⼆ ⼲ ⽲ ⽲ 利 利 利			
他 그 타	′ ⼂ ⼧ 仲 他 他			
如 같을 여	⼃ ⼅ ⼥ ⼥ 如 如 如			
鳥 새 조	′ ⼢ ⼧ ⼾ ⼾ ⾂ 鳥 鳥 鳥 鳥 鳥 鳥			
兩 두 량(양)	⼀ ⼚ ⼕ ⼱ ⾬ 兩 兩 兩 兩			
翼 날개 익	⼁ ⼇ ⼸ ⼸⼸ ⼸⼸ ⼸⼸ 羿 翌 翌 羿 翼 翼 翼 翼 翼 翼 翼 翼			

네 글자

- 戒爲善梯(계위선제) 계행이 좋은 사다리가 된다. 『발심수행장(發心修行章)』
- 四弘誓願(사홍서원) 네 가지의 넓고 큰 서원.

戒 경계할 계	一 一 T 开 戎 戒 戒 戒			
爲 할 위	一 ィ ⺈ ⺈ ⼾ ⼾ ⼾ 爲 爲 爲 爲 爲 爲			
善 착할 선	丶 丷 亠 丷 ⺍ 羊 羊 羊 羊 善 善 善 善			
梯 사다리 제	一 十 才 木 ⺭ ⺭ ⺭ ⺭ 栉 梯 梯 梯			
四 넉 사	丨 冂 冂 四 四 四			
弘 클 홍	⼸ ⼸ 弓 弘 弘 弘			
誓 맹세할 서	一 十 扌 扌 扩 折 折 折 折 誓 誓 誓 誓 誓			
願 원할 원	一 厂 厂 厂 厈 盾 盾 盾 原 原 原 原 原 厡 願 願 願 願 願 願			

네 글자

- 三十二相(삼십이상) 부처님 상호의 서른두 가지 특징.
- 如來十號(여래십호) 석가모니 부처님을 일컫는 열 가지 명호.

三 석 삼	一 二 三 三				
十 열 십	一 十 十				
二 두 이	一 二 二				
相 모양 상	一 十 才 木 机 机 相 相 相 相				
如 같을 여	人 女 女 如 如 如 如				
來 올 래	一 厂 厉 巧 巧 來 來 來 來				
十 열 십	一 十 十				
號 이름 호	丨 冂 口 旦 号 号 号 号 号 號 號 號 號				

네 글자

- 諸行無常(제행무상) 모든 물질 현상은 영원함이 없이 변화한다.
- 諸法無我(제법무아) 모든 법은 인연생기(因緣生起)로 고정 불변의 자아는 없다.

諸 모두 제	諸	ˋ ˊ ˴ ˴ ˴ ˴ 言 言 計 詳 詳 諸 諸 諸 諸				
行 다닐 행	行	ˊ ˊ ˊ 行 行 行				
無 없을 무	無	ˊ ˊ ˊ 缶 缶 缶 無 無 無 無 無 無				
常 항상 상	常	ˋ ˋ ˴ ˴ ˴ 常 常 常 常 常				
諸 모두 제	諸	ˋ ˊ ˴ ˴ ˴ ˴ 言 言 計 詳 詳 諸 諸 諸 諸				
法 법 법	法	ˋ ˋ ˋ 氵 氵 汁 法 法 法				
無 없을 무	無	ˊ ˊ ˊ 缶 缶 缶 無 無 無 無 無 無				
我 나 아	我	ˊ ˴ ˊ 于 手 我 我 我				

네 글자

- 一切皆苦(일체개고) 모든 것은 다 고이다.
- 涅槃寂靜(열반적정) 열반을 이루어 고요하다. 윤회의 고통을 벗어난 경지.

一 한 일	一 一					
切 온통 체	一 七 切 切 切					
皆 다 개	一 匕 比 比 比 毕 皆 皆 皆 皆					
苦 괴로울 고	一 十 艹 芋 节 苎 苦 苦 苦					
涅 열반 열	丶 丶 氵 汩 沪 沪 汨 浬 涅 涅					
槃 열반 반	丿 丿 力 凢 角 舟 船 般 般 般 槃 槃 槃					
寂 고요할 적	丶 丷 宀 宀 宇 宇 宇 宋 寂 寂 寂					
靜 고요할 정	一 二 丰 主 青 青 青 青 青 靜 靜 靜 靜 靜 靜					

네 글자

- 十大弟子(십대제자) 석가모니 부처님의 대표 제자 10명.
- 阿彌陀佛(아미타불) 서방 정토 신앙의 핵심으로 극락세계를 마련하고 중생을 구제한다.

十 열 십	一 十 十				
大 클 대	一 ナ 大 大				
弟 아우 제	丶 丷 当 肖 弟 弟 弟				
子 아들 자	了 子 子				
阿 언덕 아	丂 阝 阝 阝 阿 阿 阿 阿				
彌 미륵 미	丂 弓 弓 弓 弓 弥 弥 弥 弥 弥 弥 彌 彌 彌 彌				
陀 비탈질 타	丂 阝 阝 阝 阝 阝 陀 陀 陀				
佛 부처 불	亻 亻 亻 佛 佛 佛				

네 글자

- 觀音菩薩(관음보살) 관세음보살(觀世音菩薩). 세상의 음성을 관하여 중생을 제도하는 보살.
- 地藏菩薩(지장보살) 지옥의 중생을 제도하는 대원을 세운 보살.

觀 볼 관	一 十 キ キ キ キ キ 쑤 쑤 쑤 쑤 쑤 쑤 쑤 쑤 쑤 쑤 쑤 觀 觀 觀 觀 觀 觀 觀					
	觀					
音 소리 음	' 丶 亠 立 产 音 音 音 音					
	音					
菩 보살 보	一 十 卄 卄 艹 芊 莑 莑 芖 菩 菩					
	菩					
薩 보살 살	一 十 卄 艹 艹 产 产 庐 庐 萨 萨 萨 萨 薩 薩 薩 薩					
	薩					
地 땅 지	一 十 土 圠 圸 地					
	地					
藏 감출 장	一 十 卄 芊 芊 芊 芊 芖 莊 莊 莊 蓙 蔵 藏 藏 藏					
	藏					
菩 보살 보	一 十 卄 艹 艹 芊 茒 芖 菩 菩 菩					
	菩					
薩 보살 살	一 十 卄 艹 艹 产 产 庐 庐 萨 萨 萨 萨 薩 薩 薩 薩					
	薩					

네 글자

- 文殊菩薩(문수보살) 지혜를 상징, 부처님의 왼쪽에 자리하며 사자를 타고 있다.
- 普賢菩薩(보현보살) 실천행을 상징하며 부처님의 오른쪽 협시로 하얀 코끼리를 타고 있다.

文 글월 문	` 一 ナ 文` 文			
殊 다를 수	`一 丁 歹 歹 歹 歼 殅 殊 殊` 殊			
菩 보살 보	`一 十 土 芏 芏 莁 莁 芐 菩 菩 菩` 菩			
薩 보살 살	`一 十 土 芏 芐 芐 萨 萨 萨 萨 萨 薩 薩 薩 薩` 薩			
普 넓을 보	`丶 丷 丷 并 并 並 並 普 普 普 普` 普			
賢 어질 현	`一 丁 丏 臤 臤 臤 臤 臤 賢 賢 賢 賢 賢 賢` 賢			
菩 보살 보	`一 十 土 芏 芏 莁 莁 芐 菩 菩 菩` 菩			
薩 보살 살	`一 十 土 芏 芐 芐 萨 萨 萨 萨 萨 薩 薩 薩 薩` 薩			

네 글자

• 天龍八部(천룡팔부) 불법을 수호하는 호법선신 팔부중(八部衆)을 부르는 말.

天 하늘 천	一 二 于 天 天				
龍 용 룡(용)	' 亠 亠 立 立 产 产 产 首 龍 龍 龍 龍 龍 龍				
八 여덟 팔	ノ 八 八				
部 떼 부	' 亠 亠 立 立 产 音 音 音 部 部 部				

다섯 글자

· 若人欲了知(약인욕요지) 만약 어떤 사람이,

若 반야 야(약)	一 十 土 艹 艹 苦 若 若 若				
	若				
人 사람 인	丿 人				
	人				
欲 하고자할 욕	丿 八 分 公 公 谷 谷 谷 欲 欲 欲				
	欲				
了 밝을 료(요)	ㄱ 了				
	了				
知 알 지	丿 一 一 矢 矢 知 知 知				
	知				

다섯 글자

• 三世一切佛(삼세일체불) 삼세 일체의 부처님을 알고자 한다면,

三 석 삼	一 二 三 三					
世 인간 세	一 十 卄 卋 世 世					
一 한 일	一 一					
切 온통 체	一 七 切 切 切					
佛 부처 불	ノ 亻 仁 佇 佛 佛 佛					

다섯 글자

• 應觀法界性(응관법계성) 반드시 법계의 성품을 관하라.

應	ノ 广 广 广 广 广 广 庐 庐 庐 雁 雁 雁 應 應 應				
응할 응	應				

觀	一 十 艹 艹 艹 芦 芦 芦 苗 苎 苧 萈 萈 萈 雚 雚 雚 觀 觀 觀 觀 觀 觀				
볼 관	觀				

法	丶 丶 氵 氵 汁 汗 泮 法 法				
법 법	法				

界	丨 冂 冃 冊 田 田 界 界 界 界				
지경 계	界				

性	丶 丶 忄 忄 忄 忤 性 性				
성품 성	性				

다섯 글자

• 一切唯心造(일체유심조) 모든 것은 마음으로 이루어진다. 『화엄경』

一 한 일	一 一					
切 온통 체	一 七 切 切 切					
唯 오직 유	丨 丨 丨 丬 呷 唑 唑 唑 唯 唯 唯					
心 마음 심	丶 心 心 心 心					
造 지을 조	丿 亇 牛 生 告 告 告 造 造 造 造					

다섯 글자

• 諸法從本來(제법종본래) 모든 법이 본래부터,

諸 모두 제	一 一 三 三 言 言 言 訃 計 諸 諸 諸 諸 諸 諸					
	諸					
法 법 법	丶 丶 氵 氵 汁 泮 法 法					
	法					
從 쫓을 종	丿 彡 彳 彳 彾 彿 從 從 從					
	從					
本 근본 본	一 十 オ 木 本					
	本					
來 올 래	一 厂 爫 爫 來 來 來					
	來					

다섯 글자

· 常自寂滅相(상자적멸상) 늘 그대로 적멸상이니,

常 항상 상	´ ´´ ´´ ´´ 常 常 常 常 常				
	常				

自 스스로 자	´ ´ ´ 自 自 自				
	自				

寂 고요할 적	´ ´´ 宀 宀 宷 宷 宷 宷 寂 寂				
	寂				

滅 꺼질 멸	` ` 氵 氵 氵 汀 汀 汀 汀 滅 滅 滅				
	滅				

相 모양 상	一 十 オ 木 朾 机 相 相 相				
	相				

다섯 글자

· 佛子行道已(불자행도이) 불자가 이 도리를 행하여 마치면,

佛 부처 불	ノ イ ア ワ ア 佛 佛					
	佛					
子 아들 자	ㄱ 了 子					
	子					
行 다닐 행	ノ ノ イ 彳 彳 行 行					
	行					
道 이치 도	` ` ` ᅷ ᅷ ᅲ 首 首 首 首 首 道 道					
	道					
已 이미 이	ㄱ ㄱ 已					
	已					

다섯 글자

· 來世得作佛(내세득작불) 다음 세상에는 부처를 이루리라. 『법화경』

來 올 래(내)	一 丆 厃 來 來 來 來 來				
	來				
世 인간 세	一 十 卅 卅 世				
	世				
得 얻을 득	丿 彳 彳 彳 彳 彳 彳 得 得 得 得				
	得				
作 지을 작	丿 亻 亻 亻 作 作 作				
	作				
佛 부처 불	丿 亻 亻 佀 佛 佛 佛				
	佛				

다섯 글자

• 若以色見我(약이색견아) 만약 모양으로 나를 보거나

若 반야 야(약)	一 十 十 艹 艿 若 若 若 若				
以 써 이	丨 𠄌 以 以 以 以				
色 모양 색	丿 ク 々 刍 刍 色 色				
見 볼 견	丨 冂 冂 冃 目 貝 見 見				
我 나 아	丿 二 手 手 我 我 我 我				

다섯 글자

• 以音聲求我(이음성구아) 음성으로 나를 구하면,

以 써 이	丨 丨丨 丨丨 以 以				
音 소리 음	丶 亠 亠 立 产 音 音 音 音				
聲 소리 성	一 十 丰 丰 吉 声 声 声 殸 殸 殸 殸 殸 磬 磬 聲				
求 구할 구	一 丁 寸 才 才 求 求				
我 나 아	丿 一 千 千 我 我 我				

다섯 글자

· **是人行邪道**(시인행사도) 이 사람은 삿된 도를 행함이니,

是 옳을 시	l 冂 冃 日 旦 早 早 昻 是 是				
人 사람 인	ノ 人 人				
行 다닐 행	′ ′ ′ 彳 彳 行 行 行				
邪 간사할 사	一 亡 牙 牙 牙 邪 邪 邪				
道 이치 도	丶 丷 丷 艹 艹 首 首 首 首 首 渞 渞 道 道 道				

다섯 글자

• 不能見如來(불능견여래) 여래를 볼 수 없느니라.

不 아니 불	一 ナ 不 不				
	不				
能 능할 능	厶 ㄥ 亻 钌 钌 育 育 能 能 能				
	能				
見 볼 견	丨 冂 闩 月 目 見 見				
	見				
如 같을 여	乚 乀 女 如 如 如				
	如				
來 올 래	一 ア 丆 巫 巫 來 來 來				
	來				

다섯 글자

- 一切有爲法(일체유위법) 일체의 유위법은,

一 한일	一 一					
切 온통 체	一 七 切 切 切					
有 있을 유	ノ ナ 才 右 有 有 有					
爲 할 위	一 ニ ゛ 厂 厂 严 严 窎 爲 爲 爲 爲 爲					
法 법 법	丶 氵 氵 汁 泮 泮 法 法 法					

다섯 글자

· 如夢幻泡影(여몽환포영) 꿈과 같고 물거품과 같으며,

如 같을 여	乀 乆 女 如 如 如					
	如					

夢 꿈 몽	一 十 卉 芺 芺 芦 莆 莆 苗 夢 夢 夢 夢 夢					
	夢					

幻 헛보일 환	乀 幺 幺 幻					
	幻					

泡 거품 포	` ` 氵 氵 汋 沟 沟 泡					
	泡					

影 그림자 영	丨 冂 冃 日 旦 昌 昌 봄 봄 昜 昜 影 影 影 影					
	影					

다섯 글자

- **如露亦如電(여로역여전)** 마치 이슬과 같고 번개와 같으니,

如 같을 여	⺅ ⼥ ⼥ 如 如 如					
	如					
露 이슬 로(노)	⼚ ⼚ 帀 帀 帀 帀 雨 雨 雪 雫 露 露 露 露 露 露 露 露 露					
	露					
亦 또 역	⼂ ⼇ ⼇ 亣 亣 亦					
	亦					
如 같을 여	⺅ ⼥ ⼥ 如 如 如					
	如					
電 번개 전	⼀ ⼚ ⼚ 帀 雨 雨 雨 雨 雨 雪 雪 雪 電					
	電					

다섯 글자

• 應作如是觀(응작여시관) 반드시 이와 같이 관할지니라.『금강경』

應 응할 응	丶 亠 广 广 庐 庐 庐 庐 庐 庐 庐 雁 雁 雁 應 應 應					
	應					

作 지을 작	丿 亻 亻 竹 竹 作 作					
	作					

如 같을 여	乚 乄 女 如 如 如					
	如					

是 옳을 시	丨 冂 日 日 日 旦 早 昮 昮 是					
	是					

觀 볼 관	一 十 卄 艹 苩 苩 苩 苩 苗 苗 萉 萉 萉 萉 藋 藋 藋 藋 觀 觀 觀 觀 觀 觀					
	觀					

다섯 글자

• 高麗大藏經(고려대장경) 대장경은 경율논(經律論) 삼장(三藏)의 집대성을 이른다.

高 높을 고	' 一 一 古 古 戸 高 高 高 高				
	高				
麗 고울 려(여)	一 厂 厂 FF F FF FF FFF 严 严 严 麗 麗 麗 麗 麗 麗				
	麗				
大 클 대	一 ナ 大				
	大				
藏 감출 장	一 十 世 世 世 世 芹 芹 萨 萨 萨 萨 萨 薜 藏 藏 藏				
	藏				
經 글 경	' 幺 幺 糸 糸 糸 紅 紅 經 經 經 經 經				
	經				

다섯 글자

- 皆共成佛道(개공성불도) 모두 함께 성불을 이루리다.

皆 다 개	一 上 上 比 比 毕 毕 皆 皆 皆				
	皆				
共 한가지 공	一 十 卄 丗 共 共				
	共				
成 이룰 성	丿 厂 厂 厉 成 成				
	成				
佛 부처 불	丿 亻 亻 亻 佛 佛 佛				
	佛				
道 이치 도	丶 丷 丷 丷 丷 首 首 首 首 道 道 道 道				
	道				

여섯 글자

• 空手來空手去(공수래공수거) 빈손으로 왔다가 빈손으로 간다는 뜻.

空 빌 공	`` ′ ′ ′ ′ ′ ′ ′ ′ ′ `` 空 空 空 空 空	空				
手 손 수	一 二 三 手	手				
來 올 래	一 一 一 一 一 來 來 來	來				
空 빌 공	`` ′ ′ ′ ′ ′ ′ ′ ′ ′ `` 空 空 空 空 空	空				
手 손 수	一 二 三 手	手				
去 갈 거	一 十 土 去 去	去				

여섯 글자

- 無上正等正覺(무상정등정각) 위없이 바르며 완전하고 원만한 최고 최상의 깨달음.

無 없을 무	ノ ← ← ← ← 午 午 年 無 無 無 無 無 無 無				
上 윗 상	｜ ㅏ 上 上				
正 바를 정	一 丁 千 正 正 正				
等 무리 등	ノ ← ← ← ← ← ← 竺 竺 竺 竺 等 等 等				
正 바를 정	一 丁 千 正 正 正				
覺 깨달을 각	´ ⺊ ⺊ ⺊ ⺊ ⺊ ⺊ ⺊ 段 脚 脚 脚 舆 舆 舉 覺 覺 覺 覺 覺 覺				

여섯 글자

• 三千大千世界(삼천대천세계) 거대한 우주를 가리키는 말.

三 석 삼	一 二 三 三				
千 일천 천	ノ 二 千 千				
大 클 대	一 ナ 大 大				
千 일천 천	ノ 二 千 千				
世 인간 세	一 十 卅 卅 世 世				
界 지경 계	丨 冂 田 田 田 界 界 界 界				

여섯 글자

• 自燈明法燈明(자등명법등명) 자신을 등불로 삼고 법을 등불로 삼으라.

自 스스로 자	´ ｲ ｲ 自 自 自						
	自						
燈 등 등	` ´ ｹ 火 火 火 火 火 火 火 燃 燈 燈 燈 燈						
	燈						
明 밝을 명	l �𝄒 日 日 明 明 明 明						
	明						
法 법 법	` ` ⺀ ⺀ 汁 汁 法 法 法						
	法						
燈 등 등	` ´ ｹ 火 火 火 火 火 火 火 燃 燈 燈 燈 燈						
	燈						
明 밝을 명	l �𝄒 日 日 明 明 明 明						
	明						

여섯 글자

· 深觀能禮所禮(심관능례소례) 능례(예를 행하는 자)와 소례(예를 행하는 대상)를 깊이 관하리니

深 깊을 심	丶 丶 氵 氵 氵 汀 汀 泙 泙 深 深
觀 볼 관	一 十 艹 芍 芍 芍 芍 芍 苒 苒 荏 荏 荏 蓶 蓶 萑 藋 萑 藋 藋 藋 藋 觀 觀 觀
能 능할 능	厶 厶 彳 彳 肻 肻 肻 能 能 能
禮 예도 예(례)	一 亠 亍 亓 示 示 衤 衤 神 神 神 禮 禮 禮 禮 禮
所 바 소	一 亇 亇 戸 戸 所 所 所
禮 예도 예(례)	一 亠 亍 亓 示 示 衤 衤 神 神 神 禮 禮 禮 禮 禮

여섯 글자

• 皆從眞性緣起(개종진성연기) 모두 진성(眞性)으로부터 연기한다.『계초심학인문(誡初心學人文)』

皆 다 개	一 ㅏ ㅏ 比 比 比 皆 皆 皆			
	皆			
從 좇을 종	ノ ノ 彳 彳 彴 彴 從 從 從 從			
	從			
眞 참 진	一 ㅏ ㅑ 自 自 自 自 直 眞 眞			
	眞			
性 성품 성	ヽ ヽ ㅏ 忄 忄 忄 性 性			
	性			
緣 인연 연	ヽ ㄠ ㄠ 糸 糸 糸 糸 糽 絹 絹 綵 綵 緣 緣			
	緣			
起 일어날 기	一 十 土 耂 耂 丰 走 起 起 起			
	起			

일곱 글자

• 天上天下無如佛(천상천하무여불) 천상천사 부처님 같은 이 없고

天 하늘 천	一 二 于 天 天				
上 윗 상	丨 上 上 上				
天 하늘 천	一 二 于 天 天				
下 아래 하	一 丁 下 下				
無 없을 무	丿 仁 匚 드 午 毎 無 無 無 無 無 無 無				
如 같을 여	乁 乄 女 如 如 如 如				
佛 부처 불	丿 亻 伫 佀 佛 佛 佛				

일곱 글자

- 十方世界亦無比(시방세계역무비) 시방세계 그 누구도 비할 수 없네.

十 열 십(시)	一 十					
	十					
方 모 방	' 亠 方 方					
	方					
世 인간 세	一 十 卅 卅 世					
	世					
界 지경 계	丨 冂 冃 用 田 �甲 虲 界 界					
	界					
亦 또 역	' 亠 方 亣 亣 亦					
	亦					
無 없을 무	ノ 亠 乍 乍 钲 無 無 無 無 無 無					
	無					
比 견줄 비	一 上 比 比					
	比					

일곱 글자

· 世間所有我盡見(세간소유아진견) 온 세상 온갖 것을 빠짐없이 볼지라도

世 인간 세	一 十 卅 卅 世				
	世				
間 사이 간	丨 冂 冂 冂 門 門 門 門 門 間 間 間				
	間				
所 바 소	一 亠 亐 戶 戶 所 所 所				
	所				
有 있을 유	丿 ナ ナ 冇 有 有				
	有				
我 나 아	丿 二 千 千 我 我 我				
	我				
盡 다할 진	一 二 ヨ 尹 聿 肀 肃 盡 盡 盡 盡 盡 盡				
	盡				
見 볼 견	丨 冂 冂 目 目 貝 見				
	見				

일곱 글자

• 一切無有如佛者(일체무유여불자) 부처님과 같으신 분 아니계시네.

一 한 일	一				
切 온통 체	一 七 切 切 切				
無 없을 무	丿 亻 二 午 午 無 無 無 無 無 無 無				
有 있을 유	丿 ナ 十 冇 有 有 有				
如 같을 여	乚 女 女 如 如 如 如				
佛 부처 불	丿 亻 亻 佀 佀 佛 佛 佛				
者 놈 자	一 十 土 耂 耂 者 者 者 者 者				

일곱 글자

- 玉兎昇沈催老像(옥토승침최로상) 옥토끼(달) 뜨고 져 모양을 재촉하고,

玉 구슬 옥	一 三 干 王 玉 玉				
兎 토끼 토	ノ ク 产 白 色 弁 兎 兎 兎				
昇 오를 승	ノ 冂 冃 日 旦 昇 昇 昇 昇				
沈 잠길 침	丶 丶 氵 氿 沪 沙 沈 沈				
催 재촉할 최	ノ 亻 亻 仁 伫 伫 佇 催 催 催 催 催 催				
老 늙을 로(노)	一 十 土 耂 耂 老 老				
像 모양 상	ノ 亻 亻 仵 伫 侔 侔 侮 傍 傍 像 像 像 像				

일곱 글자

• 金烏出沒促年光(금오출몰촉년광) 금까마귀(해) 출몰하여 세월을 재촉함이로다.『自警文』

金 쇠 금	ノ ㅅ ㅅ ㅅ 수 全 余 金 金			
烏 까마귀 오	′ ⼁ ⼾ ⼾ ⼾ 烏 烏 烏 烏 烏 烏			
出 날 출	⼁ 屮 屮 出 出 出			
沒 빠질 몰	` ` ⼀ ⼀ ⼀ ⼀ 沒 沒 沒			
促 재촉할 촉	′ ⼁ ⼁ ⼁⼀ ⼁⼀ 促 促 促 促 促			
年 해 년	′ ⼀ 二 ⽒ 年 年 年			
光 빛 광	⼁ ⼁ 平 平 光 光 光			

일곱 글자

• 無上甚深微妙法(무상심심미묘법) 가장 높고 깊고 미묘한 법문은,

無 없을 무	ノ ノ 一 仁 仁 缶 缶 缶 無 無 無 無 無 無			
上 윗 상	l ├ 上 上			
甚 심할 심	一 十 卄 廿 甘 其 其 其 甚 甚			
深 깊을 심	` ` ` 氵 氵 沪 沪 沪 泙 深 深 深			
微 작을 미	` ` 彳 彳 扪 徂 徏 徏 徏 微 微 微 微 微			
妙 묘할 묘	ㄥ ㄥ 女 奻 奺 妙 妙 妙			
法 법 법	` ` ` 氵 沪 汁 法 法 法			

일곱 글자

- 百千萬劫難遭遇(백천만겁난조우) 백천만겁이 지나도 만나기 어렵다.

百 일백 백	一 丆 丆 百 百 百 百			
千 일천 천	一 二 千 千			
萬 일만 만	一 十 艹 节 芦 芦 芦 昔 萬 萬 萬 萬 萬			
劫 오랜세월 겁	一 十 土 去 去 刧 劫 劫			
難 어려울 난	一 十 廿 廿 芦 苩 昔 苩 苩 堇 黃 剿 剿 剿 剿 剿 難 難 難			
遭 만날 조	一 厂 刃 冎 肉 甫 曲 曹 曹 曹 曹 漕 漕 遭 遭			
遇 만날 우	丨 冂 冂 日 旦 月 禺 禺 禺 禺 禺 遇 遇 遇			

일곱 글자

• 衆生無邊誓願度(중생무변서원도) 한 없는 중생을 제도하기를 서원하며,

衆 무리 중	´ ´ ´ ⺊ 血 血 血 豖 豖 豖 豖 衆 衆				
	衆				
生 날 생	ノ ト 느 牛 生				
	生				
無 없을 무	ノ ト 는 느 午 午 無 無 無 無 無 無 無				
	無				
邊 가 변	´ ´ ⺆ 白 自 自 自 臫 臰 臰 臰 臰 臱 臱 臱 邊 邊				
	邊				
誓 맹세할 서	一 寸 扌 扩 扩 折 折 哲 哲 誓 誓 誓 誓				
	誓				
願 원할 원	一 厂 厂 厂 厈 原 原 原 原 原 原 原 願 願 願 願 願				
	願				
度 법도 도	´ 宀 广 庐 庐 序 序 度 度				
	度				

일곱 글자

- 煩惱無盡誓願斷(번뇌무진서원단) 번뇌가 다함이 없지만 끊기를 서원하며,

| 煩
번거로울 번 | ﹅ ⺀ 火 火 灯 灯 炉 炉 煩 煩 煩 煩 煩 煩 | | | |
| | 煩 | | | |

| 惱
번뇌할 뇌 | ﹅ ⺀ 忄 忄 忻 忻 惱 惱 惱 惱 惱 | | | |
| | 惱 | | | |

| 無
없을 무 | ﹅ ﹅ ⺄ ⺄ 午 午 無 無 無 無 無 無 | | | |
| | 無 | | | |

| 盡
다할 진 | ﹁ ヨ ヨ 尹 尹 尹 尹 聿 聿 聿 盡 盡 盡 盡 | | | |
| | 盡 | | | |

| 誓
맹세할 서 | 一 十 扌 扌 扩 折 折 折 誓 誓 誓 誓 誓 | | | |
| | 誓 | | | |

| 願
원할 원 | 一 厂 厂 厂 厉 原 原 原 原 原 原 原 願 願 願 願 願 | | | |
| | 願 | | | |

| 斷
끊을 단 | ﹅ ﹅ 乡 乡 乡 乡 乡 乡 乡 乡 斷 斷 斷 斷 斷 | | | |
| | 斷 | | | |

일곱 글자

- 法門無量誓願學(법문무량서원학) 법문은 한량 없어도 배우기를 서원하며,

法 법 법	` ` ` 氵 氵 汁 汪 法 法				
	法				
門 문 문	l 冂 冂 冂 冃 冃 門 門 門				
	門				
無 없을 무	ノ ゲ 乍 乍 午 無 無 無 無 無 無 無				
	無				
量 헤아릴 양(량)	l 冂 冃 日 旦 昌 昌 昌 昌 昌 量 量				
	量				
誓 맹세할 서	一 扌 扌 扩 扩 折 折 折 哲 誓 誓 誓 誓				
	誓				
願 원할 원	一 厂 厂 厂 戸 戸 戸 原 原 原 原 原 願 願 願 願 願				
	願				
學 배울 학	´ ⺊ f f f f 段 段 段 段 臼 臼 舆 舆 舆 學 學				
	學				

일곱 글자

- 佛道無上誓願成(불도무상서원성) 불도는 가장 높으니 이루기를 서원합니다. 「四弘誓願」

佛 부처 불	ノ イ 亻 仆 乕 佛 佛 佛				
道 이치 도	` ` 艹 艹 广 首 首 首 首 渞 道 道 道				
無 없을 무	ノ ヒ ケ 午 午 無 無 無 無 無 無 無				
上 윗 상	l 上 上 上				
誓 맹세할 서	一 才 才 扩 扩 折 折 折 誓 誓 誓 誓 誓 誓				
願 원할 원	一 厂 厂 厂 厏 严 原 原 原 原 原 願 願 願 願 願 願 願				
成 이룰 성	) 厂 厂 厅 成 成 成				

일곱 글자

• 初發心時便正覺(초발심시변정각) 초발심 그 순간이 바로 바른 깨침이요.

初 처음 초	` ` ` ` ` 初 初 初				
發 필 발	` ` ` ` ` ` ` ` 發 發 發				
心 마음 심	` 心 心 心 心				
時 때 시	` ` ` ` ` ` ` ` 時 時				
便 문득 변	` ` ` ` ` ` ` 伊 便 便				
正 바를 정	` ` ` ` 正 正				
覺 깨달을 각	` ` ` ` ` ` ` ` ` ` ` ` ` ` ` ` ` ` ` 覺 覺				

일곱 글자

• 生死涅槃相共和(생사열반상공화) 생과 사 열반세계 항상 서로 함께 하네. 「法性偈」

生 날 생	ノ ケ ヒ 牛 生				
	生				
死 죽을 사	一 ア ヌ 歹 歹 死				
	死				
涅 열반 열	丶 丶 氵 沪 沪 沪 涅 涅 涅				
	涅				
槃 열반 반	丶 ノ 力 力 角 舟 舟 舟 舟 舟 般 般 槃 槃				
	槃				
相 서로 상	一 十 才 木 杧 杧 相 相 相				
	相				
共 한가지 공	一 十 廾 丗 共 共				
	共				
和 화할 화	ノ 二 千 禾 禾 禾 和 和				
	和				

일곱 글자

- 大方廣佛華嚴經(대방광불화엄경) 화엄경 참조.

大 클 대	一 ナ 大 大				
方 모 방	' 亠 方 方 方				
廣 넓을 광	' 一 广 广 疒 疒 庐 庐 庐 庐 唐 廣 廣 廣 廣 廣				
佛 부처 불	' イ 仁 ſ 佾 佛 佛 佛				
華 빛날 화	一 十 十 艹 艹 芒 芒 芏 芏 莘 莘 華 華				
嚴 엄할 엄	l 口 呾 呾 罒 罒 嚴 嚴 嚴 嚴 嚴 嚴 嚴 嚴 嚴 嚴 嚴 嚴 嚴 嚴				
經 글 경	' 纟 纟 乡 糸 糸 纩 紒 紒 經 經 綛 經 經				

일곱 글자

- 大韓佛敎曹溪宗(대한불교조계종) 대한민국의 불교 종단 조계종을 말한다.

大 클 대	一 ナ 大 大							
韓 나라 한	一 十 十 古 古 直 直 卓 乾 乾 乾 乾 乾 乾 乾 韓 韓							
佛 부처 불	ノ イ 仁 仁 佞 佛 佛							
敎 가르칠 교	ノ メ メ 孝 爻 爻 爻 参 敎 敎 敎							
曹 조계 조	一 厂 厂 㠯 甫 曲 曲 曹 曹 曹 曹							
溪 시내 계	ヽ ン ン 氵 汀 沙 沙 沙 溪 溪 溪 溪 溪							
宗 마루 종	ヽ ハ ㄱ 宀 宍 宇 宗 宗 宗							

불교한자입문

1판 1쇄 펴냄 | 2018년 10월 25일
1판 5쇄 펴냄 | 2024년 1월 31일

편　　찬 | 대한불교조계종 교육원 불학연구소
책임편집 | 교육아사리 경완스님

발 행 인 | 원명
편 집 인 | 각운

펴 낸 곳 | (주)조계종출판사
출판등록 | 제2007-000078호(2007.4.27.)
주　　소 | 서울 종로구 삼봉로 81 두산위브파빌리온 1308호
전　　화 | 02-720-6107
팩　　스 | 02-733-6708
구입문의 | 불교전문서점 향전(www.jbbook.co.kr) 02-2031-2070

©대한불교조계종 교육원, 2018
ISBN 979-11-5580-112-3 03220